PARÁBOLAS DE JESUS
TEXTO E CONTEXTO

PARA: Ana Cristina

"O amor puro é o reflexo do Criador em todas as criaturas."
Emmanuel

Haroldo Dutra Dias

__/__/__

HAROLDO DUTRA DIAS

PARÁBOLAS DE JESUS
TEXTO E CONTEXTO

Curitiba – PR

1ª Edição
8ª Reimpressão

27º Milheiro e meio
Copyright 2011 by
Federação Espírita do Paraná
Alameda Cabral, 300 – 80410-210 - Curitiba - PR

Capa: André Ramiro Ferreira
Diagramação: Walter Santos (Tim)
Infográficos e Ilustração: Almo Digital Ltda

Supervisão editorial e revisão:
Conselho Editorial da Federação Espírita do Paraná

Catalogação na fonte do Departamento Nacional do Livro

Alameda Cabral, 300 – CEP 80410-210
Fone/Fax: (41) 3223-6174 – Curitiba/PR
parabolasdejesus.com.br
livrariamundoespirita.com.br
2018

DIAS, Haroldo Dutra

Parábolas de Jesus: texto e contexto / Haroldo Dutra Dias. – Curitiba: Federação Espírita do Paraná, 2011.

210 p.; 14x21cm

ISBN 978-85-86255-46-5

1. Parábolas do Evangelho. 2. Jesus Cristo. 3. Bíblia – Novo Testamento. I. Título.

CDD 133.9

SUMÁRIO

APRESENTAÇÃO 7

INTRODUÇÃO 9

Capítulo 1
DEUS, HOMEM E NATUREZA 21
    UM OLHAR CÓSMICO 23
    DEUS UNIVERSAL 26
    ESPÍRITO IMORTAL 30
    MATÉRIA 32
    EVOLUÇÃO FÍSICA E ESPIRITUAL 35
    REVELAÇÃO 44

Capítulo 2
LINGUAGEM E LINGUÍSTICA 47
    LINGUAGEM E TEXTOS BÍBLICOS 49
    CONCEPÇÕES DE LINGUAGEM 52
    ABORDAGENS LINGUÍSTICAS 57
        Estruturalismo 58
        Gerativismo 62
        Sociolinguística 66
        Linguística cognitivo-funcional 68
        Linguística Textual 71

Capítulo 3
TEXTO 79
CONCEPÇÕES DE TEXTO 81
TEXTO DOS EVANGELHOS 89
INTERPRETAÇÃO - ARMADILHAS E LIMITES 114

Capítulo 4
CONTEXTO 119
A METÁFORA DO ICEBERG 121
INTERTEXTUALIDADE 133

Capítulo 5
GÊNEROS LITERÁRIOS 139
COMPOSIÇÃO, CONTEÚDO E ESTILO 141
RELEVÂNCIA DOS GÊNEROS NA INTERPRETAÇÃO BÍBLICA 144

Capítulo 6
PARÁBOLAS 153
CONCEITO JUDAICO DE TORAH ORAL E ESCRITA 155
HALAKAH E HAGGADAH 167
FIGURAS DE LINGUAGEM 169
MASHAL E PARÁBOLA 172

Capítulo 7
O BOM SAMARITANO 177
UM EXEMPLO 179
A PARÁBOLA DO BOM SAMARITANO É UM COLAR DE PÉROLAS, MAS ESSE É O FIO QUE AS REÚNE 205

Apresentação

Convidado a fazer a apresentação do livro de autoria do amigo e irmão Haroldo Dutra Dias, fiquei muito pensativo, eis que, escrever rápidas linhas sobre um livro que trata das *Parábolas de Jesus – Texto e Contexto*, constitui tarefa não fácil e de importância extraordinária e requereu-me grande esforço no sentido de elevar meus pensamentos acima das coisas mundanas da Terra, para alcançar, mesmo que por um átimo de segundo, as esferas superiores, onde vige a possibilidade de se estar mais perto do Sol de nossas Almas, o Sublime Jesus de Nazaré.

Em suas páginas, além da inegável extraordinária interpretação do autor, como numa mágica possível, pareceu-me olhar as estradas poeirentas da Galileia, ver as caminhadas daquele grupo de homens notáveis, seus discípulos, encantados pelos ensinos maravilhosos do Rabi, cujo ápice firmou-se no *Sermão das Bem-Aventuranças*, que transformou suas vidas, na direção da luz imperecível.

Chorei com as lágrimas de Maria de Nazaré e de Maria de Magdala e encantei-me sobremaneira com a augusta e profunda resposta ao interpelador: *Sim, sou Rei, mas o meu Reino não é deste mundo*, e refleti com a mudez divina à insolente pergunta: *O que é verdade?*

Caminhei lado a lado com os discípulos da estrada de Emaús, divisei a enorme surpresa e depois alegria estampada em seus rostos, doridos com a crucificação, ao reconhecerem o Messias no viajante que os interpelara a caminho, confirmando que a vida venceu a morte.

Foram muitos os momentos de emoção, que se renovam e se renovarão com o tempo. Pude descobrir que se um dia dediquei-me a seguir o Sublime Carpinteiro, devo tê-lo feito de muitas maneiras equivocadas, mas hoje, agora, o chamado se repete, e tomara que eu não mais renegue o convite, com minhas distrações desnecessárias.

A Federação Espírita do Paraná, com sublimada honra e em boa hora, vem trazer a público, pela marca de sua editora, este primeiro livro do autor. Nas suas páginas está presente o desafio para que penetremos no mundo da época do Cristo, possibilitando-nos conhecer um pouco mais a mensagem de nosso Excelso Governador Planetário, razão pela qual concordamos plenamente com nosso Haroldo:

Nós estamos com saudades de Jesus.

Francisco Ferraz Batista
Presidente

INTRODUÇÃO

*"Assim procedemos, porém, ponderando que, **num colar de pérolas**, cada qual tem valor específico e que, no imenso conjunto de ensinamentos da Boa Nova, cada conceito do Cristo ou de seus colaboradores diretos adapta-se a determinada situação do Espírito, nas estradas da vida."*[1]

A narrativa bíblica revela o Todo-Poderoso comprometido em criar o homem à sua imagem e semelhança, potencialmente divino. Compreendendo Jesus como a concretização desse propósito celeste, nele en-

---

1 XAVIER, Francisco Cândido. *Caminho, Verdade e Vida,* pelo Espírito Emmanuel. 20. ed. Rio de Janeiro: FEB, 2001. Prefácio, p. 14.

contramos o potencial que se fez vida plena, a palavra que se fez carne, a metamorfose do projeto em obra.

Sua vida, na singela Galileia do primeiro século, é testemunho do homem em plena comunhão com Deus e, por que não, do Pai celestial expressando-se pela criatura, por meio de sentimentos, pensamentos, palavras, gestos e condutas.

Na qualidade de porta-voz da Divindade, suas palavras são como um sopro do absoluto no relativo da linguagem humana, sopro do espiritual nas narinas de barro.

No seu ensino oral, a palavra humana atinge o fulgor celeste. Parábolas, metáforas, enigmas, provérbios, toda sorte de linguagem figurada pronunciada ao embalo da antiga poesia hebraica, cheia de ritmo e sonoridade, com o fito de se eternizar no coração do ouvinte, que é o local privilegiado da escuta.

Eis a forma.

É o que nos ensina a plêiade do Espírito Verdade:

> *"Muitas vezes a palavra de Jesus era alegórica e em forma de parábolas, porque ele falava de acordo com a época e os lugares. Agora, é preciso que a verdade seja inteligível para todos. É necessário explicar e desenvolver aquelas leis, já que pouquíssimos são os que a compreendem e menos ainda os que a praticam."*[2]

---

2 KARDEC, Allan. *O Livro dos Espíritos*. 1. ed. Rio de Janeiro: FEB, 2006. Questão 627.

O material da sua prédica é retirado, invariavelmente, do cotidiano. Não é demais dizer que nos ensinamentos de Jesus o cotidiano foi iluminado pelo mais puro olhar, por uma perspectiva tão espiritual e tão ampla que abriu os olhos dos cegos mergulhados na rotina. Cada detalhe da vida assume contornos de invulgar beleza e espiritualidade.

O benfeitor Emmanuel nos chama a atenção para esse ponto:

> "*O Cristo não estabelece linhas divisórias entre o templo e a oficina. Toda a Terra é seu altar de oração e seu campo de trabalho, ao mesmo tempo. Por louvá-lo nas igrejas e menoscabá-lo nas ruas é que temos naufragado mil vezes, por nossa própria culpa. Todos os lugares, portanto, podem ser consagrados ao serviço divino.*"[3]

Eis a matéria.

Falava do Reino de Deus, obra divina no coração dos homens, e de seus Estatutos eternos.

Eis o conteúdo.

Nosso esforço não se resume a um compêndio de técnicas, não obstante nosso apreço e respeito às ferramentas de interpretação e exegese.

A tarefa escolhe o instrumento, assim como a dificuldade molda a solução. Ao leitor compete tudo fazer para compreender, selecionando o instrumental ade-

---

3 XAVIER, Francisco Cândido. *Caminho, Verdade e Vida*, pelo Espírito Emmanuel. 20. ed. Rio de Janeiro: FEB, 2001. Prefácio, p. 14.

quado ao gênero de problema textual encontrado, sem perder o foco.

O fascínio pelas ferramentas pode paralisar o intérprete das letras sagradas. Que dizer do carpinteiro que consumisse o dia admirando a enxó, sem empregá-la na tarefa cotidiana? Que dizer do padeiro que fitasse os ingredientes horas a fio, esquecendo-se da obrigação de ofertar o pão?

Nosso propósito é, antes de tudo, compreender o ensino do Mestre, para aplicá-lo com segurança em nossas vidas.

Ademais, o crescimento moral, intelectual e espiritual do intérprete demanda ferramentas novas. Visão ampliada sempre pede novos horizontes, como nos adverte Bailey.

> "O compositor faz uma canção, e a obra está terminada. O escultor cinzela o seu mármore, e um dia a estátua está acabada. Mas a tarefa do exegeta nunca tem fim. Ele pode somente parar para registrar, um tanto temerosamente, as suas descobertas, em certo ponto cronológico, com a oração para que elas possam ter alguma utilidade para outras pessoas, e para que ele tenha sido fiel ao que até então lhe fora dado."[4]

Escrevemos para o homem do século XXI, mergulhado em tecnologias, esclarecido pelo progresso

---

4 BAILEY, Kenneth. *As Parábolas de Lucas*. 3. ed. São Paulo: Vida Nova, 2007. Prefácio, p. 7.

das Ciências e da Filosofia, inquiridor, mas sedento de amor e paz.

Enxergando todo texto, escrito ou oral, como espaço de interação social entre autor e leitor, interlocutores ativos que constroem o sentido e a si mesmos durante esse encontro, repetimos com Emmanuel:

> *"Estamos agrupados nestas páginas, - os leitores amigos e nós outros, - procurando o sentido de teus ensinamentos com as chaves da Doutrina Espírita, que nos legaste pelas mãos de Allan Kardec."*[5]

A razão é muito simples:

> *"(...) temos sede das tuas palavras de vida eterna, escoimadas de qualquer suplementação."*[6]

Desse modo, acreditamos que acima de todas as técnicas e ferramentas exegéticas se encontra a compreensão. Aquela que nasce do coração, do sentimento e se aperfeiçoa na exemplificação.

Somente compreende de forma integral quem aplicou o ensino em sua própria vida.

Nesse diapasão, a leitura dos Evangelhos constitui uma jornada de ascensão espiritual, na qual a ampliação do entendimento e da compreensão é pro-

---

5   XAVIER, Francisco Cândido. *Palavras de Vida Eterna*, pelo Espírito Emmanuel. 31. ed. Uberaba: CEC, 2003. Prefácio, p. 14.
6   Idem.

porcional ao crescimento espiritual do leitor. É o que aprendemos com Alcíone:

> "Chegamos à conclusão de que o Evangelho, em sua expressão total, é um vasto caminho ascensional, cujo fim não poderemos atingir, legitimamente, sem conhecimento e aplicação de todos os detalhes. Muitos estudiosos presumem haver alcançado o termo da lição do Mestre, com uma simples leitura vagamente raciocinada. Isso, contudo, é erro grave. A mensagem do Cristo precisa ser conhecida, meditada, sentida e vivida."[7]

Por esta razão, estamos convencidos de que a leitura produtiva dos ensinos de Jesus demanda o desenvolvimento de sensibilidades, de habilidades que nos capacitem a ver, com propriedade, aspectos relativos à forma, ao material e ao conteúdo, que antes permaneciam na penumbra.

A sensibilidade aos aspectos formais da lição do Cristo aguça a nossa percepção das questões textuais e literárias envolvidas na formação, estabilização e transmissão dos textos do Novo Testamento.

Por sua vez, a sensibilidade aos aspectos materiais daqueles ensinos exige um amplo mergulho na cultura hebraica, romana e grega da Palestina do pri-

---

[7] XAVIER, Francisco Cândido. *Renúncia*, pelo Espírito Emmanuel. 31. ed. Rio de Janeiro: FEB, 2003. Segunda Parte, Cap. III, p. 333.

meiro século.

Jesus compunha suas peças pedagógicas com elementos extraídos do cotidiano daquele tempo, não do nosso. A referência cultural não é aquela fornecida pela Sociedade ocidental contemporânea. É preciso viajar no tempo. Há dois mil anos...

Por fim, urge desenvolver a sensibilidade ao conteúdo.

Todavia, nesse ponto é preciso ter em mente que estamos muito distantes da compreensão do Mestre. A perspectiva de Jesus é a dos Espíritos Puros, em plena comunhão com Deus.

"Vinde a mim", diz ele. Desdobra-se, então, diante dos nossos olhos, um "vasto caminho ascensional".

O leitor comprometido é sempre alguém que segue no encalço do Guia e Modelo da Humanidade. Nesse sentido, a leitura do Evangelho é uma experiência.

Buscamos também resgatar valiosas tradições de leitura, nascidas e acalentadas pelos Mestres de Israel ao longo da trajetória espiritual do povo hebreu.

De acordo com essa rica tradição, a união plena da criatura com seu Criador é simbolizada por um casamento, precedido de contagiante e alegre festim de bodas.

O coração humano, a comunidade de crentes, o povo é representado por uma noiva pura e fiel, à espera do esposo. O livro da *Bíblia Hebraica* que retrata com esplendor essa metáfora é "Cântico dos Cânticos".

Nele encontramos o seguinte verso:

> *"Que beleza tuas faces entre os brincos, teu pescoço com colares de pérolas."* Ct 1:10.

O livro Cântico dos Cânticos está associado, de modo especial, ao recebimento da Revelação no deserto do Sinai – doação ou dom da Torah – simbolizando o casamento de Deus com seu povo escolhido. No belíssimo verso acima citado a esposa bem-amada – Israel, segundo a Tradição – é louvada e elogiada por seu marido, o Deus Todo-Poderoso.

O colar de pérolas, no pescoço da amada esposa, é um símbolo da **Revelação Divina**, conhecida entre os judeus pelo nome de Torah, transmitida a Moisés no deserto do Sinai. Trata-se de um presente do marido (Deus) à sua adorável mulher (Israel). Por constituir um verdadeiro poema de amor, uma obra de arte, só pode ser compreendido, apreendido pelo coração e pela intuição.

Pode ser esta a ideia sugerida pelo símbolo *"teu pescoço com colares de pérolas"*!

A tradição hebraica, porém, ultrapassou o caráter poético e simbólico do referido texto para conferir-lhe nuanças interpretativas surpreendentes, utilizando-o como base para a formulação dos princípios fundamentais da sua exegese bíblica.

Por esta razão, encontramos, nas fontes rabínicas, inúmeras alusões a um método de comentário e interpretação da Escritura (exegese), chamado "Colar", em hebraico *harizah*. Este método consiste em compor um colar de pérolas de versículos da Bíblia, todos a respeito de um determinado assunto, colhidos do

Pentateuco, dos Profetas e dos Escritos (demais livros da Bíblia), no qual cada trecho ou versículo representa uma pérola.

Dentre os inúmeros métodos de interpretação encontrados no *Midraxe* (compêndio de exegese judaica), a *harizah* ocupa um lugar privilegiado, já que é utilizada pelos mestres hebreus toda vez que desejam ensinar à comunidade um ponto importante da fé de Israel, difícil de ser apreendido pela leitura puramente literal do texto bíblico.

Selecionamos um texto da tradição judaica que descreve a *harizah*, demonstrando a sua importância como técnica de estudo das Escrituras:

> *"Quando faziam colares das palavras da Torah, passando das palavras da Torah aos Profetas, e dos Profetas aos Escritos, o fogo flamejava em torno deles e as palavras tornavam-se jubilosas, como quando foram pronunciadas no Sinai: quando pronunciadas pela primeira vez no Sinai, foram dadas entre chamas, como foi dito: a montanha ardia em fogo, até as profundezas do céu. Ben Azai estava sentado e perscrutava a Escritura e o fogo flamejava em torno dele... Rabi Agiba aproximou-se e disse-lhe: Ouvi dizer que perscruta as Escrituras e o fogo flameja em torno de ti? Ele respondeu: Sim. Rabi Agiba perguntou: Acaso estudavas os segredos do carro de Ezequiel (Ez 1)? Ele respondeu: Não. Mas eu estava sentado e fazia um colar das palavras da Torah, passando da Torah aos Profetas e dos Profetas aos Escritos e as palavras mostravam-se alegres, como quando foram transmitidas no Sinai. E eram*

> doces, como quando foram proferidas pela primeira vez, porque, ao serem dadas pela primeira vez, não foram dadas no fogo: E a montanha flamejava?" (Cântico Rabá 1, 10).

A narrativa do "fogo que flamejava" em torno dos Rabis que faziam o colar de versículos da Torah está presente em diversas fontes da tradição judaica, e traduz, sem dúvida, uma forte experiência espiritual vivida por aqueles anciãos que, pela intuição, alcançaram aquilo que faz a Escritura ser una e coerente – seu sentido espiritual.

É impossível não nos referirmos, neste ponto, àquelas lições de exegese ministradas por Jesus aos seus discípulos, logo após sua ressurreição, no caminho de *Emaús*, contida no Evangelho de Lucas:

> "E, começando por Moisés e por todos os Profetas, explicava-lhes o que dele se achava em todas as Escrituras. E chegaram à aldeia para onde iam, e ele fez como quem ia para mais longe. E eles o constrangeram, dizendo: Fica conosco, porque já é tarde, e já declinou o dia. E entrou para ficar com eles. E aconteceu que, estando com eles à mesa, tomando o pão, o abençoou e partiu-o e lho deu. Abriram-se-lhes, então, os olhos, e o conheceram, e ele desapareceu-lhes. E disseram um para o outro: Porventura, não ardia (fogo) em nós o nosso coração quando, pelo caminho, nos falava e quando nos abria as Escrituras?" (Lc 24:27-32).

É impressionante o paralelismo desse trecho do Evangelho de Lucas com os outros dois retirados da tradição judaica. Aquele "coração ardente" é o mesmo fogo que acompanha a Revelação Divina no monte Sinai; é o responsável pela compreensão que os discípulos atingiram acerca dos fatos acontecidos com o Cristo, provando que "só se vê bem com o coração, pois o essencial é invisível aos olhos".

Nos idos de 1948, Francisco Cândido Xavier psicografou a primeira obra de comentários do Novo Testamento, ditada pelo Espírito Emmanuel. O método utilizado pelo benfeitor espiritual naquele livro, para interpretar versículos da Boa Nova, era tão surpreendente e inusitado, que exigiu uma explicação no prefácio:

> *"Muitos amigos estranhar-nos-ão talvez a atitude, isolando versículos e conferindo-lhes cor independente do capítulo evangélico a que pertencem. Em certas passagens, extraímos daí somente frases pequeninas, proporcionando-lhes fisionomia especial e, em determinadas circunstâncias, as nossas considerações desvaliosas parecem contrariar as disposições do capítulo em que se inspiram. Assim procedemos, porém, ponderando que, **num colar de pérolas**, cada qual tem valor específico e que, no imenso conjunto de ensinamentos da Boa Nova, cada conceito do Cristo ou de seus colaboradores diretos adapta-se a determinada situação do Espírito, nas estradas da vida."*[8]

---

8 XAVIER, Francisco Cândido. *Caminho, Verdade e Vida*, pelo Espírito Emmanuel. 20. ed. Rio de Janeiro: FEB, 2001. Prefácio, p. 14.

A semelhança entre a *harizah* da tradição rabínica e o colar de pérolas de Emmanuel não é mera coincidência, e demonstra o quanto esse benfeitor espiritual está vinculado às fontes do Cristianismo Primitivo, representando nosso grande orientador, em matéria de interpretação do Evangelho.

Desse modo, amigo leitor, nosso intento é depositar em suas mãos um singelo colar. As pérolas não são nossas. São do Cristo. Nosso trabalho se resume ao arranjo, e representa apenas um convite para que você se sinta encorajado a confeccionar o seu.

Capítulo 1

DEUS, HOMEM E NATUREZA

UM OLHAR CÓSMICO

Estima-se que em nosso Universo conhecido existam mais de 200 bilhões de galáxias. Para cada uma delas calcula-se em média 100 bilhões de sóis, os quais carregam o seu conjunto de planetas.
Nossa Via Láctea é uma delas. Não é a maior, nem a mais formosa.
Nosso Sol é estrela de quinta grandeza, dentre bilhões de outras que formam nossa galáxia.
O Planeta Terra é organismo vivo, nosso lar-escola. Todavia, se comparado à multidão dos mundos que circulam em torno dos trilhões de sóis, é morada modesta.
Nesse concerto cósmico, impera a mais absoluta ordem, num espetáculo de beleza e esplendor, convidando o homem a "levantar os olhos", ampliando sua compreensão da vida e de si mesmo.
Poderia uma sucessão interminável de "acasos" engendrar essa portentosa obra de arte celeste, tão grandiosa que escapa à perquirição do homem, mesmo

quando munido dos mais potentes instrumentos tecnológicos do nosso tempo?

O homem abandonou o conceito de geração espontânea, após as contribuições científicas de Pasteur, todavia insiste na mesma teoria ao tentar explicar a gênese universal.

Cada geração encontra o seu desafio, a sua tarefa, a sua missão. Após assumir seu legado, acrescenta sua contribuição peculiar, transmitindo-a às gerações futuras.

Compete ao nosso tempo a tarefa do "olhar cósmico", em todos os terrenos da cultura humana, em especial no tocante aos conceitos religiosos.

Caminhamos inexoravelmente para a RELIGIÃO CÓSMICA DO AMOR E DA SABEDORIA.

No Evangelho de João encontramos a confortadora promessa:

> *"Não se perturbe o vosso coração. Credes em Deus, crede também em mim. Na casa de meu Pai há muitas moradas. Se {não fosse assim} não teria dito que vou preparar um lugar para vós".* João 14:1-2.

Nosso sincero desejo, no início deste trabalho, é desenvolver a mais importante sensibilidade ao **conteúdo** dos ensinos de Jesus. A visão universalista, cósmica, do Reino de Deus e dos seus Estatutos eternos.

Trata-se de pressupostos básicos adotados ao longo desta obra, sem os quais terá o leitor dificuldade em compreendê-la. Adotamos integralmente o ensino contido na Codificação de Allan Kardec, e nos limitamos a ele, de modo a evitar qualquer interferência de outras doutrinas espiritualistas que, não obstante a semelhança, apresentam divergências fundamentais.

DEUS UNIVERSAL

Esclarecidos pelos ensinos da Doutrina Espírita, compreendemos Deus como a suprema e absoluta inteligência, criador e regente do universo físico e espiritual, responsável pelo estabelecimento das regras que orientam o funcionamento do cosmos, bem como pelas leis morais que regem nossos destinos e nosso relacionamento com os demais seres da criação infinita, incluindo nossos semelhantes.

Não se trata de um criador terreno, sujeito às vicissitudes típicas do ser humano, mas do Pai Celestial, absolutamente perfeito, modelo de amor e caridade, em cujo seio repousa a criação universal.

É o resumo do que se encontra no Livro dos Espíritos[9]:

> *"Deus é a inteligência suprema, causa primeira de todas as coisas"*. Questão 1

---

9   KARDEC, Allan. *O Livro dos Espíritos*. 1. ed. Rio de Janeiro: FEB, 2006.

"Tendes um provérbio que diz: Pela obra se conhece o autor. Pois bem! Vede a obra e procurai o autor". Questão 9

"Para estar acima de todas as coisas, Deus não pode achar-se sujeito a nenhuma vicissitude, nem sofrer nenhuma das imperfeições que a imaginação possa conceber". Questão 13

"(...) Deus, modelo de amor e caridade, nunca esteve inativo (...)". Questão 21

Nesse quadro de ideias, somos convidados a ampliar nossa concepção de Deus, reconhecendo que nossos condicionamentos teológicos, étnicos, geopolíticos, históricos e culturais conformam nossa relatividade, constituindo gigantesco óbice à apreensão da Divindade.

Deus é oceano que não se deixa capturar completamente pelo recipiente acanhado da nossa percepção.

É criador das nebulosas, das galáxias, dos trilhões de sóis e de seus respectivos mundos. É Senhor das Estrelas.

No diálogo com Abraão, afirmou:

"Ergue os olhos para o céu e conta as estrelas, se as podes contar, - e acrescentou: Assim será a tua semente". Gn 15:5.

A família universal, composta pelos habitantes físicos e espirituais deste cosmos infinito, constitui seu povo, sua descendência, seus herdeiros.

Não se trata de um Deus exclusivamente transcendente, senão de um Pai amoroso, simultaneamente imanente e transcendente, que conduz a sua criação para a transcendência.

Nesse sentido, são valiosas as observações do Codificador[10]:

> "(...) a Natureza inteira mergulhada no fluido divino. (...) Não haverá nenhum ser, por mais ínfimo que o suponhamos, que de algum modo não esteja saturado dele. Achamo-nos, assim, constantemente em presença da Divindade (...)". Cap. II, item 24.

> " (...) se figurarmos todos os seres penetrados do fluido divino, soberanamente inteligente, compreenderemos a sabedoria previdente e a unidade de vistas que presidem a todos os movimentos instintivos para o bem de cada indivíduo." Cap. III, item 15.

> "Essa solicitude é tanto mais ativa, quanto menos recurso tem o indivíduo em si mesmo e na sua inteligência. É por isso que ela se mostra maior e mais absoluta nos animais e nos seres inferiores, do que no homem." Cap. III, item 15.

> "O instinto maternal, o mais nobre de todos (...) fica realçado e enobrecido. (...) Por intermédio da mãe, o próprio Deus vela pelas suas criaturas que nascem." Cap. III, item 15.

---

10 KARDEC, Allan. *A Gênese*. 1. ed. Rio de Janeiro: FEB, 2009.

O ensino de Jesus faz referência constante a esse Criador, cuja majestade não se harmoniza com os mesquinhos interesses humanos. Tão ampla visão conduziria o Mestre ao martírio na cruz.

ESPÍRITO IMORTAL

No Evangelho de Mateus, ao ser indagado pelos saduceus acerca da ressurreição, Jesus esclarece que o Deus de Abraão, Isaac e Jacó, patriarcas ilustres do povo hebreu, é Pai de filhos imortais, conquanto sujeitos à morte física.

> *"E a respeito da ressurreição dos mortos, não lestes o que vos foi dito por Deus, quando diz: Eu sou o Deus de Abraão, o Deus de Isaac e o Deus de Jacó? Ele não é Deus de mortos, mas de vivos".* Mt 22:31-32

Criados à imagem e semelhança de Deus, comungamos do seu Espírito, somos herdeiros da imortalidade.

É o que nos ensina a plêiade do Espírito Verdade[11]:

---

11 KARDEC, Allan. *O Livro dos Espíritos*. 1. ed. Rio de Janeiro: FEB, 2006.

"Que é o espírito? O princípio inteligente do Universo" Questão 23

"(...) a inteligência é uma faculdade própria de cada ser e constitui a sua individualidade moral." Questão 72 a

"Pode-se dizer que os Espíritos são os seres inteligentes da Criação. Povoam o Universo, fora do mundo material." Questão 76.

"(...) Os Espíritos são a individualização do princípio inteligente, como os corpos são a individualização do princípio material." Questão 79

    Adotada essa perspectiva, o ensino de Jesus transcende seus condicionamentos históricos, sociais e culturais, para ressurgir aos nossos olhos como expressão dos Estatutos eternos do Criador.

    É a boa-nova divina, que fala ao espírito imortal dos seus interesses imperecíveis.

MATÉRIA

Os avanços da Física hodierna nos colocam em condições de entender que a matéria sólida, compacta, obediente às leis mecânicas representa uma ilusão, decorrente da impressão dos nossos sentidos biológicos, mas não correspondente à natureza íntima desse elemento.

A descoberta dos estados radioativos, da estrutura quântica do átomo, da fusão e fissão nuclear, da natureza corpuscular e ondulatória do elétron, nos revelam que matéria e energia são dois estágios de uma mesma substância, cujos segredos ainda não dominamos.

Publicado em 1857, o *Livro dos Espíritos*[12] antecipava esse quadro, ao asseverar:

> *"Mas a matéria existe em estados que vos são desconhecidos"* Questão 22
>
> *"A matéria é o laço que prende o espírito"* Questão 22 a

---

12 KARDEC, Allan. *O Livro dos Espíritos*. 1. ed. Rio de Janeiro: FEB, 2006.

Na obra *A Gênese*[13], Allan Kardec aprofunda o tema:

> *"O fluido cósmico universal é, como já foi demonstrado, a matéria elementar primitiva (...)"* Cap. XIV, item 2.
>
> *"Como princípio elementar do Universo, ele assume dois estados distintos: o de eterização ou imponderabilidade, que se pode considerar o estado normal primitivo, e o de materialização ou de ponderabilidade (...)".* Cap. XIV, item 2

Na obra *Evolução em Dois Mundos*[14], o Espírito André Luiz desenvolve o assunto, trazendo importantes subsídios ao tema:

> *"O fluido cósmico é o plasma divino, hausto do Criador ou força nervosa do Todo-Sábio. Nesse elemento primordial, vibram e vivem constelações e sóis, mundos e seres, como peixes no oceano".*
>
> *"Toda essa riqueza de plasmagem, nas linhas da Criação, ergue-se à base de corpúsculos sob irradiações da mente, corpúsculos e irradiações que, no estado atual dos nossos conhecimentos, embora estejamos fora do plano físico, não podemos definir em sua multiplicidade e configuração, porquanto a morte apenas dilata as nossas concepções e nos aclara*

---

13 KARDEC, Allan. *A Gênese*. 1. ed. Rio de Janeiro: FEB, 2009.
14 XAVIER, Francisco Cândido; VIEIRA, Waldo. *Evolução em Dois Mundos*, pelo Espírito André Luiz. 22. ed. Rio de Janeiro: FEB, 2004. Primeira Parte, Cap. 1.

a introspecção, iluminando-nos o senso moral, sem resolver, de maneira absoluta, os problemas que o Universo nos propõe a cada passo, com os seus espetáculos de grandeza".

Arrematando de forma magistral, afirma o Espírito Emmanuel[15]:

> "E, desde o último quartel do século passado, a Terra se converteu num reino de ondas e raios, correntes e vibrações. A eletricidade e o magnetismo, o movimento e a atração palpitam em tudo. (...) Bohrs, Planck, Einstein erigem novas e grandiosas concepções. O veículo carnal agora não é mais que um turbilhão eletrônico, regido pela consciência. Cada corpo tangível é um feixe de energia concentrada. A matéria é transformada em energia, e esta desaparece para dar lugar à matéria".

Essas conclusões nos transportam para terrenos novos, convidando-nos a encarar o ser humano por um novo prisma. Os velhos dogmas da Teologia dos séculos passados cedem lugar a concepções condizentes com os anseios, conhecimentos e expectativas do mundo contemporâneo.

Nesse quadro, o tema da evolução espiritual conjugada à evolução física e biológica constitui pré-requisito para indagações de maior vulto.

---

15 XAVIER, Francisco Cândido. *Nos Domínios da Mediunidade*, pelo Espírito André Luiz. 30. ed. Rio de Janeiro: FEB, 2003. Prefácio.

EVOLUÇÃO FÍSICA E ESPIRITUAL

A Doutrina Espírita, em sua obra fundadora[16], estabelece premissas básicas para o estudo do ser humano, em sua condição de ser imortal, sujeito ao aperfeiçoamento contínuo e gradativo, como se segue:

"Os Espíritos são iguais ou existe entre eles uma hierarquia qualquer? São de diferentes ordens, conforme o grau de perfeição a que chegaram." Questão 96.

"São os próprios Espíritos que se melhoram e, melhorando-se, passam de uma ordem inferior para uma ordem superior." Questão 114.

"Deus criou todos os Espíritos simples e ignorantes, isto é, sem saber". Questão 115.

---

16 KARDEC, Allan. *O Livro dos Espíritos*. 1. ed. Rio de Janeiro: FEB, 2006.

"Há Espíritos que permanecerão para sempre nas ordens inferiores? Não; todos se tornarão perfeitos." Questão 116

"Os Espíritos podem degenerar? Não; à medida que avançam, compreendem o que os distanciava da perfeição." Questão 118

"Todos os Espíritos passam pela fieira do mal para chegar ao bem? Não pela fieira do mal, mas pela da ignorância." Questão 120

"Como podem os Espíritos, em sua origem, quando ainda não têm consciência de si mesmos, ter a liberdade de escolher entre o bem e o mal? O livre-arbítrio se desenvolve à medida que o Espírito adquire consciência de si mesmo." Questão 122

"Os Espíritos que, desde o princípio, seguiram a rota do bem, têm necessidade de encarnação? Todos são criados simples e ignorantes e se instruem nas lutas e tribulações da vida corporal. Deus, que é justo, não podia fazer felizes a uns, sem fadigas e sem trabalho e, por conseguinte, sem mérito." Questão 133

Allan Kardec, o organizador do ensino dado pela plêiade do Espírito Verdade[17], resume o tema com propriedade:

"A alma é um Espírito encarnado, sendo o corpo apenas o seu envoltório".

---

17 KARDEC, Allan. *O Livro dos Espíritos*. 1. ed. Rio de Janeiro: FEB, 2006. Introdução, item VI.

"Há no homem três coisas: 1º, o corpo ou ser material análogo aos animais e animado pelo mesmo princípio vital; 2º, a alma ou ser imaterial, Espírito encarnado no corpo; 3º, o laço que prende a alma ao corpo, princípio intermediário entre a matéria e o Espírito".

"Tem assim o homem duas naturezas: pelo corpo, participa da natureza dos animais, cujos instintos lhe são comuns; pela alma, participa da natureza dos Espíritos".

"Os Espíritos pertencem a diferentes classes e não são iguais, nem em poder, nem em inteligência, nem em saber, nem em moralidade. Os da primeira ordem são os Espíritos superiores, que se distinguem dos outros pela sua perfeição, seus conhecimentos, sua proximidade de Deus, pela pureza de seus sentimentos e por seu amor do bem: são os anjos ou puros Espíritos. Os das outras classes se acham cada vez mais distanciados dessa perfeição, mostrando-se os das categorias inferiores, na sua maioria, eivados das nossas paixões: o ódio, a inveja, o ciúme, o orgulho, etc. Comprazem-se no mal. Há também, entre os inferiores, os que não são nem muito bons nem muito maus, antes perturbadores e enredadores do que perversos. A malícia e as inconsequências parecem ser o que neles predomina. São os Espíritos estúrdios ou levianos".

"Os Espíritos não ocupam perpetuamente a mesma categoria. Todos se melhoram passando pelos diferentes graus da hierarquia espírita. Esta melhora se efetua por meio da encarnação, que é *imposta a uns como expiação, a outros como missão. A vida material é uma prova que lhes cumpre sofrer repetidamente, até que hajam atingido a absoluta perfeição moral".*

Nesse quadro de ideias, não é difícil deduzir que o Universo está submetido à lei do aperfeiçoamento progressivo, renovando-se a cada momento, com vistas ao melhoramento contínuo e eterno. O Universo físico constitui somente parcela da criação divina, seguramente a mais singela parte, como nos adverte a Obra Básica[18]:

> *"Tudo o que se pode dizer e podeis compreender é que os mundos se formam pela condensação da matéria disseminada no espaço".* Questão 39.
>
> *"Pode um mundo completamente formado desaparecer e a matéria que o compõe disseminar-se de novo no espaço? Sim, Deus renova os mundos, como renova os seres vivos."* Questão 41
>
> *"O mundo corporal poderia deixar de existir, ou nunca ter existido, sem que isso alterasse a essência do mundo espiritual? Sim; eles são independentes e, não obstante, a correlação entre ambos é incessante, porque reagem incessantemente um sobre o outro."* Questão 86
>
> *"Fica sabendo que teu mundo não existe de toda a eternidade e que, muito tempo antes que ele*

---

[18] KARDEC, Allan. *O Livro dos Espíritos*. 1. ed. Rio de Janeiro: FEB, 2006.

existisse, já havia Espíritos que tinham atingido o grau supremo. Os homens então acreditaram que eles sempre foram assim". Questão 130.

De posse dessas renovadas concepções pode o homem avaliar a questão do mal, físico e moral, e do sofrimento por ângulos inusitados. Antes circunscritas aos estreitos limites que medeiam entre o berço e o túmulo, a Filosofia e a Teologia apresentaram explicações parciais, posto que retrataram o ser humano, ora como perecível organismo biológico, cujo psiquismo é mera resultante de reações químicas, ora como ser criado por Deus na concepção, cujo destino eterno é determinado por escolhas feitas em algumas dezenas de anos.

Nesse contexto, o mal e o sofrimento nunca puderam ser explicados de forma satisfatória e condizente com a suprema sabedoria e o supremo amor do Todo-Poderoso.

Muitos pontos da vida e do ensino de Jesus exigem um olhar mais abrangente, sobretudo aqueles que dizem respeito ao destino da alma humana, à erradicação do mal da face da Terra e consequente implantação do Reino de Deus.

Vale lembrar, nesse ponto, as considerações presentes no primeiro livro da Codificação[19].

---
19 KARDEC, Allan. *O Livro dos Espíritos*. 1. ed. Rio de Janeiro: FEB, 2006.

"O progresso moral acompanha sempre o progresso intelectual? É a sua consequência, mas nem sempre o segue imediatamente." Questão 780.

"O progresso completo constitui o objetivo, mas os povos, como os indivíduos, só o atingem gradualmente. Enquanto o senso moral não se houver desenvolvido neles, pode mesmo acontecer que se sirvam da inteligência para a prática do mal. A moral e a inteligência são duas forças que só se equilibram com o passar do tempo." Questão 780-b.

"Há o progresso regular e lento que resulta da força das coisas. Quando, porém, um povo não progride tão depressa quanto deveria, Deus o sujeita, **de tempos em tempos**, a um abalo físico ou moral que o transforma." Questão 783.

"É preciso que tudo se destrua para renascer e se regenerar, pois isso a que chamais destruição não passa de uma transformação, que tem por fim a renovação e a melhoria dos seres vivos." Questão 728.

"A necessidade de destruição é a mesma em todos os mundos? É proporcional ao estado mais ou menos material dos mundos. Deixa de existir quando o físico e o moral se acham mais depurados." Questão 732.

"Com que fim Deus castiga a Humanidade por meio de flagelos destruidores? Para fazê-la progredir mais depressa. Já não dissemos que a destruição é necessária para a **regeneração moral** dos Espíritos, que em cada nova existência sobem mais um degrau na escala da perfeição? É preciso que se veja o objetivo, para se poder apreciar os resultados." Questão 737.

O progresso moral e material dos mundos, resultado do aperfeiçoamento de seus habitantes, é dirigido por inteligências espirituais que cooperam com Deus na administração da criação excelsa.

É o que nos adverte o valioso trecho da *Revista Espírita*[20]:

> *"Ao lado de Deus estão numerosos Espíritos chegados ao topo da escala dos Espíritos puros, que mereceram ser iniciados em seus desígnios, para dirigirem a sua execução. Deus escolheu dentre eles seus enviados superiores, encarregados de missões especiais. Podeis chamá-los Cristos (...)".*
>
> *"Os Messias, seres superiores, chegados ao mais alto grau da hierarquia celeste, depois de terem atingido uma perfeição que os torna infalíveis daí por diante, e acima das fraquezas humanas, mesmo na encarnação. Admitidos nos conselhos do Altíssimo, recebem diretamente sua palavra, que são encarregados de transmitir e fazer cumprir. Verdadeiros representantes da Divindade, da qual têm o pensamento, é entre eles que Deus escolhe seus enviados especiais, ou seus Messias, para as grandes missões gerais (...)."*

No mesmo sentido, esclarece Emmanuel[21]:

---

20 KARDEC, Allan. *Revista Espírita: Jornal de Estudos Psicológicos*. 1. ed. Rio de Janeiro: FEB, Fevereiro, 1868.
21 XAVIER, Francisco Cândido. *A Caminho da Luz*, pelo Espírito Emmanuel. 29. ed. Rio de Janeiro: FEB, 2002. Cap. I.

"Rezam as tradições do mundo espiritual que na direção de todos os fenômenos do nosso sistema existe uma Comunidade de Espíritos Puros e Eleitos pelo Senhor Supremo do Universo, em cujas mãos se conservam as rédeas diretoras da vida de todas as coletividades planetárias."

E arremata o Espírito André Luiz[22], de forma brilhante:

"PLASMA DIVINO – O fluido cósmico é o plasma divino, hausto do Criador ou força nervosa do Todo-Sábio. Nesse elemento primordial, vibram e vivem constelações e sóis, mundos e seres, como peixes no oceano.

COCRIAÇÃO EM PLANO MAIOR – Nessa substância original, ao influxo do próprio Senhor Supremo, operam as Inteligências Divinas a ele agregadas, em processo de comunhão indescritível, os grandes Devas da teologia hindu ou os Arcanjos da interpretação de variados templos religiosos, extraindo desse hálito espiritual os celeiros da energia com que constroem os sistemas da Imensidade, em serviço de Co-criação em plano maior, de conformidade com os desígnios do Todo-Misericordioso, que faz deles agentes orientadores da Criação Excelsa. Essas Inteligências Gloriosas tomam o plasma divino e convertem-no em habitações cósmicas, de múltiplas expressões, radiantes ou obscuras, gaseificadas ou

---

22 XAVIER, Francisco Cândido; VIEIRA, Waldo. *Evolução em Dois Mundos*, pelo Espírito André Luiz. 22. ed. Rio de Janeiro: FEB, 2004. Primeira Parte, Cap. 1.

sólidas, obedecendo a leis predeterminadas, quais moradias que perduram por milênios e milênios, mas que se desgastam e se transformam, por fim, de vez que o Espírito Criado pode formar ou cocriar, mas só Deus é o Criador de toda a Eternidade.

IMPÉRIOS ESTELARES — *Devido à atuação desses Arquitetos Maiores, surgem nas galáxias as organizações estelares como vastos continentes do Universo em evolução e as nebulosas intragaláticas como imensos domínios do Universo, encerrando a evolução em estado potencial, todas gravitando ao redor de pontos atrativos, com admirável uniformidade coordenadora. É aí, no seio dessas formações assombrosas, que se estruturam, interrelacionados, a matéria, o espaço e o tempo, a se renovarem constantes, oferecendo campos gigantescos ao progresso do Espírito".*

Pedindo desculpas ao leitor pelas extensas citações, justificamos nossa conduta pela necessidade de estabelecer os pressupostos utilizados nesta obra na interpretação do **conteúdo** das parábolas e dos ensinos de Jesus, de modo geral.

Julgamos de vital importância o desenvolvimento dessa **sensibilidade** que denominaremos, à falta de melhor terminologia, de visão cósmica e espiritual da vida, fruto do estudo da Doutrina Espírita, na sua feição de Cristianismo Redivivo.

REVELAÇÃO

No Livro de Deuteronômio, encontramos o sugestivo texto:

> *"As coisas encobertas são para YHWH, nosso Deus; todavia, as coisas reveladas são para nós e para nossos filhos, para sempre, para cumprirmos todas as palavras desta Lei"*. Dt 29:29

Concebendo a evolução espiritual como jornada conduzida por Deus, cuja misericórdia e sabedoria infinitas jamais nos faltam, é de se esperar que o orbe receba, de tempos em tempos, profetas e missionários, cuja tarefa seja educar o homem, ampliando suas concepções e convidando-o ao aprimoramento dos sentimentos.

A lição da plêiade do Espírito Verdade[23] é clara nesse particular:

---

23 KARDEC, Allan. *O Livro dos Espíritos*. 1. ed. Rio de Janeiro: FEB, 2006.

"Onde está escrita a lei de Deus? Na consciência". Questão 621.
"Deus confiou a alguns homens a missão de revelar sua lei? Sim, certamente. Em todos os tempos houve homens que receberam essa missão. São Espíritos Superiores, encarnados com o objetivo de fazer a Humanidade progredir". Questão 622.
"Qual o tipo mais perfeito que Deus tem oferecido ao homem para lhe servir de guia e modelo? Vide Jesus".
"Para o homem, Jesus representa o tipo da perfeição moral a que a Humanidade pode aspirar na Terra. Deus no-lo oferece como o mais perfeito modelo, e a doutrina que ensinou é a mais pura expressão de sua lei, porque, sendo Jesus o ser mais puro que já apareceu na Terra, o Espírito Divino o animava (...)." (Comentário de Kardec). Questão 625.

Eis a posição ocupada por Jesus na hierarquia dos seres em evolução no orbe terreno. Na qualidade de Messias, consoante as lições acima extraídas da *Revista Espírita*, exerce a governança espiritual da Terra.

Seus ensinos refletem a grandeza da sua evolução espiritual, não podendo ser restringidos ou obscurecidos por nossas mesquinhas concepções, sob pena de perder-se o essencial da sua sublime missão.

Sua vida e seu verbo retrataram a glória celeste, despertando nosso coração para o Reino de Deus e seus eternos Estatutos.

Em síntese admirável, o Espírito André Luiz[24] resume o objetivo desse capítulo:

> "Em Jesus e em seus primitivos continuadores, porém, encontramo-la pura e espontânea, como deve ser, distante de particularismos inferiores, tanto quanto isenta de simonismo. Neles, mostram-se os valores mediúnicos a serviço da **Religião Cósmica do Amor e da Sabedoria**, na qual os regulamentos divinos, em todos os mundos, instituem a responsabilidade moral segundo o grau de conhecimento, situando-se, desse modo, a Justiça Perfeita, no íntimo de cada um, para que se outorgue isso ou aquilo, a cada Espírito, de conformidade com as próprias obras".

> "O Evangelho, assim, não é o livro de um povo apenas, mas o **Código de Princípios Morais do Universo**, adaptável a todas as pátrias, a todas as comunidades, a todas as raças e a todas as criaturas, porque representa, acima de tudo, a carta de conduta para a ascensão da consciência à imortalidade, na revelação da qual Nosso Senhor Jesus Cristo empregou a mediunidade sublime como agente de luz eterna, exaltando a vida e aniquilando a morte, abolindo o mal e glorificando o bem, a fim de que as leis humanas se purifiquem e se engrandeçam, se santifiquem e se elevem para a integração com as Leis de Deus".

---

24 XAVIER, Francisco Cândido; VIEIRA, Waldo. *Mecanismos da Mediunidade*, pelo Espírito André Luiz. 23. ed. Rio de Janeiro: FEB, 2004. Cap. 26.

Capítulo 2

LINGUAGEM E LINGUÍSTICA

LINGUAGEM
E TEXTOS BÍBLICOS

O século XX foi palco de um amplo trabalho de resgate da leitura dos textos bíblicos como literatura, no qual buscou-se redefini-los como parte da imponente herança cultural mundial.

A discussão dos problemas relativos ao gênero, ao estilo, à estrutura e aos temas dos textos que compõem a coletânea de livros denominada Bíblia realçou seu caráter eminentemente literário.

Esse material passou a ser tratado com os mesmos critérios com que se enfocam textos clássicos da poesia e da prosa. Ganhou destaque a chamada "função poética" da linguagem, tal como a definiu o eminente linguista russo-americano Roman Jakobson.

Não obstante o incansável esforço de inúmeros eruditos, somos obrigados a reconhecer a timidez dos avanços nessa área da pesquisa bíblica, como ressalta Harold Bloom[25]:

> "Infelizmente, uma crítica literária autêntica da Bíblia está ainda em sua infância. Quero dizer, uma crítica tão precisa como temos o direito de esperar quando o assunto é Shakespeare ou a poesia moderna (...). A Bíblia Hebraica, a partir de suas origens, é tudo menos uma biblioteca teológica; é, sim, o produto de escolhas estéticas".

O crítico literário Robert Alter[26] parece explicar a deficiência, ao comentar:

> "O único motivo óbvio para a ausência por tanto tempo de interesse literário acadêmico pela Bíblia é que, em contraste com a literatura grega e latina, a Bíblia foi considerada durante muitos séculos, tanto por cristãos quanto por judeus, a fonte unitária e primária da verdade de [sic] revelação divina".

Acreditamos que o estudo da linguagem, através das contribuições oferecidas pela ciência denominada linguística, e o conhecimento das questões relativas à

---

25 Apud CAMPOS, Haroldo de. *Bere'shith: a cena de origem.* São Paulo: Perspectiva, 2000. p. 91.
26 ALTER, Robert. *Em Espelho Crítico.* Tradução de Sérgio Medeiros e Margarida Goldsztajn. São Paulo: Perspectiva, 1998. p. 16.

crítica literária, seriam de grande valia para a superação desse entrave. Nesse sentido, vale conferir o que diz João Cesário[27], em seu instigante artigo:

> "A dificuldade vivenciada por aqueles que abordam a Bíblia apenas como texto sagrado reside em um equívoco de base. Falta uma compreensão adequada do que é um "texto", bíblico ou não, e de suas funções. Central para isso é o reconhecimento da literatura como **mimesis**, ou seja, imitação e representação da realidade, e como **poiesis**, isto é, como criação e transformação da realidade. Nenhum texto "é" o fato que narra ou a situação da qual é testemunha. Ele é uma "representação" do evento através de um meio de comunicação que possui leis próprias".

Por essa razão, julgamos conveniente abordar aspectos fundamentais da linguagem e da linguística, procurando atualizar o leitor pouco familiarizado com o assunto a respeito dos recentes avanços nesta área de pesquisa.

Nossa intenção é evitar a leitura literal e fundamentalista do texto bíblico, evitando o equívoco de considerá-lo como descrição absoluta de fatos, ou como tratado de Física, Biologia ou História, quando na verdade representam uma coletânea de obras literárias.

---

27 FERREIRA, João Cesário Leonel. *Estudos Literários Aplicados à Bíblia*: Dificuldades e Contribuições para a construção de uma relação. Artigo publicado na *Revista Theos*.

CONCEPÇÕES DE LINGUAGEM

De modo geral, a linguagem é entendida como qualquer processo de comunicação, tal como a linguagem animal, corporal, artística, dos sinais, escrita.

Nesse sentido, é vista como um sistema de troca de informações, um sistema organizado de símbolos, complexo e extenso, cuja função é codificar, estruturar e consolidar os dados sensoriais, imprimindo-lhes um determinado sentido ou significado, com vistas à transmissão de informações.

Todavia, os linguistas costumam apresentar uma definição mais estrita do termo, conceituando a linguagem como habilidade humana, consoante o Manual de Linguística[28]:

> "*Entendendo linguagem como uma habilidade, os linguistas definem o termo como a capacidade que*

---

28 MARTELOTTA, Mário Eduardo. *Manual de Linguística*. São Paulo: Contexto, 2008. p. 16.

apenas os seres humanos possuem de se comunicar por meio de línguas. Por sua vez, o termo "língua" é normalmente definido como um sistema de signos vocais utilizado como meio de comunicação entre os membros de um grupo social ou de uma comunidade linguística".

Trata-se de um fenômeno eminentemente social, sendo imposta ao indivíduo assim que nasce, embora ele possa rearranjar, recompor, recriar, alterar, imprimindo suas características individuais, que acabam por introduzir variações mais ou menos extensas.

O desenvolvimento humano da linguagem requer um aparelho fonador bastante desenvolvido, que permita uma técnica articulatória complexa, entendida como o conjunto de movimentos corporais necessários à produção dos sons que compõem a fala.

O funcionamento da linguagem implica, igualmente, a existência de uma estrutura neurobiológica sofisticada. Acidentes cardiovasculares ou lesões no cérebro provocam distúrbios na linguagem, conhecidos como afasias, o que demonstra a importância das estruturas cerebrais e neurais para a sua veiculação.

Ao lado dessa base neurobiológica, encontram-se processos cognitivos sofisticados, ligados à simbolização ou representação do mundo em termos linguísticos, associados à nossa capacidade de compreender a realidade que nos cerca, armazenar informações na memória de forma organizada e transmiti-las em situações reais de comunicação.

Trata-se do funcionamento mental, designado pelo termo *cognição*.

A linguagem apresenta também uma base sociocultural, responsável pelos aspectos variáveis que a caracterizam nas diferentes sociedades e nos momentos históricos distintos.

Por fim, a interação entre os falantes acaba por moldar a estrutura das línguas, substituindo expressões que perderam sua expressividade por outras mais adequadas ao processo comunicativo, além de estabelecer modelos de comunicação adequados para cada situação específica.

No quadro da evolução do espírito, o surgimento da linguagem representa avanço extraordinário, coroando sua marcha ascensional, e anunciando a aquisição do pensamento contínuo, como demonstra o Espírito André Luiz[29]:

> *"Aperfeiçoando as engrenagens do cérebro, o princípio inteligente sentiu a necessidade de comunicação com os semelhantes e, para isso, a linguagem surgiu entre os animais, sob o patrocínio dos Gênios Veneráveis que nos presidem a existência. De início, o fonema e a mímica foram os processos indispensáveis ao intercâmbio de impressões ou para o serviço de defesa (...). Contudo, à medida que se lhe acentuava a evolução, a consciência fragmentária investia-se na posse de mais amplos recursos".*

---

29 XAVIER, Francisco Cândido; VIEIRA, Waldo. *Evolução em Dois Mundos,* pelo Espírito André Luiz. 22. ed. Rio de Janeiro: FEB, 2004. Primeira Parte, Cap. 10.

"*Aprende então o homem, com o amparo dos Sábios Tutores que o inspiram, a constituição mecânica das palavras, provindo da mente a força com que aciona os implementos da voz, gerando vibrações nos músculos torácicos, incluindo os pulmões e a traqueia como num fole, e fazendo ressoar o som na laringe e na boca, que exprimem também cavidades supraglóticas, para a criação, enfim, da linguagem convencional, com que reforça a linguagem mímica e primitiva, por ele adquirida na longa viagem através do reino animal. A esse modo natural de exprimir-se por gestos e atitudes silenciosos, em que derrama as suas forças acumuladas de afetividade e satisfação, desagrado ou rancor, em descargas fluídico-eletromagnéticas de natureza construtiva ou destrutiva, superpõe a criatura humana os valores do verbo articulado, com que acrisola as manifestações mais íntimas, habilitando-se a recolher, por intermédio de sinalética especial na escala dos sons, a experiência dos irmãos que caminham na vanguarda e aprendendo a educar-se para merecer esse tipo de assistência que lhe outorgará o estado de alegria maior, ante as perspectivas da cultura com que a vida lhe responde às indagações*".

"*Com o exercício incessante e fácil da palavra, a energia mental do homem primitivo encontra insopitável desenvolvimento, por adquirir gradativamente a mobilidade e a elasticidade imprescindíveis à expansão do pensamento que, então paulatinamente, se dilata, estabelecendo no mundo tribal todo um oceano de energia sutil, em que as consciências encarnadas e desencarnadas se refletem,*

> *sem dificuldade, umas às outras. Valendo-se dessa instituição de permuta constante, as Inteligências Divinas dosam os recursos da influência e da sugestão e convidam o Espírito terrestre ao justo despertamento na responsabilidade com que lhe cabe conduzir a própria jornada... Pela compreensão progressiva entre as criaturas, por intermédio da palavra que assegura o pronto intercâmbio, fundamenta-se no cérebro o pensamento contínuo e, por semelhante maravilha da alma, as ideias-relâmpagos ou as ideias-fragmentos da crisálida de consciência, no reino animal, se transformam em conceitos e inquirições, traduzindo desejos e ideias de alentada substância íntima".*

É certo que reconhecemos o ensino de Jesus como expressão da Lei Divina, na sua mais pura expressão, todavia, não desconhecemos o fato de ter o Mestre se servido da linguagem humana.

O Evangelista João expressa essa realidade, ao afirmar:

> "E o Verbo se fez carne e tabernaculou entre nós, e contemplamos a sua glória, semelhante à de Unigênito junto do Pai, pleno de graça e verdade".
> João 1:14.

ABORDAGENS LINGUÍSTICAS

Na primeira página da monumental obra de Allan Kardec, intitulada *O Evangelho segundo o Espiritismo*, encontramos a expressão *"Fé inabalável é somente a que pode encarar a razão, face a face, em todas as épocas da Humanidade"*.

Para atingir essa meta, no entanto, não basta o fortalecimento da fé, decorrente do aperfeiçoamento do sentimento, urge atualizar permanentemente a razão, colocando-a a par dos mais recentes avanços da Ciência e da Filosofia. Eis a fé raciocinada proposta pela Doutrina Espírita.

O benfeitor Emmanuel[30], com o poder de síntese que lhe é característico, resume esse labor:

> *"Religião é o sentimento Divino, cujas exteriorizações são sempre o Amor, nas expressões mais sublimes. Enquanto a Ciência e a Filosofia operam o trabalho*

---

30 XAVIER, Francisco Cândido. *O Consolador*, pelo Espírito Emmanuel. 24. ed. Rio de Janeiro: FEB, 2003. Terceira Parte, questão 260.

da experimentação e do raciocínio, a Religião edifica e ilumina os sentimentos. As primeiras se irmanam na Sabedoria, a segunda personifica o Amor, as duas asas divinas com que a alma humana penetrará, um dia, nos pórticos sagrados da espiritualidade".

Salientamos essas advertências para reafirmar a necessidade de atualização contínua do conhecimento, antes de nos pronunciarmos a respeito de determinado assunto.

No caso em tela, o conhecimento das diversas abordagens da Linguística, desde o seu surgimento enquanto ciência até os dias atuais, passando pelos seus principais estudiosos, revela-se extremamente útil no estudo dos textos bíblicos.

Estruturalismo

A linguística do século XIX era historicista e comparativista. Preocupava-se com o desenvolvimento histórico das línguas particulares, e com as relações existentes entre elas, agrupando-as em famílias.

O comparativismo linguístico se interessava pelos diferentes tipos de afinidade (parentesco) existente entre as línguas particulares, com vistas ao estabelecimento de correspondências formais entre elas, restabelecendo os detalhes da sua evolução, de modo a construir a chamada *"Gramática Comparada"*.

No século XX, Ferdinand de Saussure, fundador do estruturalismo, privilegia o estudo descritivo da língua, no estado em que ela se encontra (sincronia), deixando de lado o estudo histórico e comparativo (diacronia).

O famoso *Curso de Linguística Geral*, publicado em 1916, após a morte de Saussure, resultado de cursos lecionados por ele entre 1907 e 1911, inaugura uma nova fase no estudo da linguagem.

Considerando a linguagem como um sistema articulado, uma estrutura semelhante ao jogo de xadrez, o valor de cada peça é determinado no interior do jogo, a partir das relações recíprocas estabelecidas entre elas.

Não importa se as peças são de madeira, ferro, ouro, cristal, pois o jogo depende exclusivamente das regras que estabelecem a função de cada uma delas no tabuleiro.

Por analogia, afirma Saussure que o jogo linguístico independe do suporte físico da linguagem - som, movimento labial, gestos, sinais - mas das regras que ditam o funcionamento das unidades que compõem o sistema.

Na abordagem estruturalista, a língua é forma (estrutura), e não a substância (matéria em que se manifesta).

A linguagem possui um lado social (língua, langue), e um lado individual (fala, parole), sendo inviável separar as duas unidades. De acordo com esse teórico, a língua é a condição da fala, pois ao falarmos nos submetemos ao sistema de regras que corresponde à língua.

Compreendida a língua como um conjunto de elementos solidários, uma estrutura, cumpre conhecer a natureza desses elementos.

A abordagem estruturalista afirma que a língua é um sistema de signos. O Signo representa a unidade básica, constituinte do sistema linguístico.

À semelhança de uma moeda, apresenta duas faces inseparáveis: significante e significado. Por significante entende-se uma sequência de fonemas que formam uma *imagem acústica* no psiquismo do usuário da língua, uma espécie de impressão psíquica que será associada ao significado.

Por outro lado, o significado constitui o conceito, o sentido atribuído a cada imagem acústica. Vê-se que nessa proposta teórica, a língua é uma realidade psíquica.

Marcos Antonio Costa resume muito bem essa característica, no *Manual de Linguística*[31]:

> "*Precisamos, porém, de um pouco mais de cautela para entender o verdadeiro sentido atribuído por Saussure ao conceito de significante. Comecemos por compreender que, de acordo com a proposta estruturalista saussureana, a língua é uma realidade psíquica. Como já dito, um tesouro - um sistema gramatical - depositado virtualmente no cérebro de um conjunto de indivíduos pertencentes a uma*

---

[31] MARTELOTTA, Mário Eduardo. *Manual de Linguística*. São Paulo: Contexto, 2008. p. 119.

mesma comunidade linguística. Assim sendo, as faces que compõem o signo linguístico são ambas psíquicas e estão ligadas, em nosso cérebro, por um vínculo de associação".

O Estruturalismo propõe a arbitrariedade do signo linguístico, reconhecendo que não existe relação necessária, obrigatória, natural, entre a *imagem acústica* (**significante**) e o *sentido* a que ela nos remete (**significado**), pois o signo é um fenômeno cultural, convencional, espontâneo, dentro de uma comunidade de falantes.

Outra grande contribuição do estruturalismo foi explicitar a organização dos elementos constituintes da estrutura linguística, reconhecendo o caráter linear da linguagem articulada. Nesse quadro, a combinação de duas ou mais unidades compõem os sintagmas.

Assim, no nível fonológico, as unidades se combinam para formar as sílabas. No aspecto morfológico, os morfemas se unem para formar a palavra, conhecida como sintagma vocabular. Por sua vez, no nível sintático, as palavras se combinam para formar frases.

O conhecimento desses fatores é de vital importância para a compreensão de algumas passagens do Novo Testamento. No Evangelho de Mateus, encontramos duas delas:

> *"E não suponhes que deveis dizer entre vós: "Temos por pai a Abraão, pois eu vos digo que mesmo destas pedras pode Deus erguer filhos para Abraão".* Mt 3:9.

Nesse caso, o precursor utiliza um trocadilho com as palavras "pedras" (*abnaia, abanim*) e "filhos" (*bnaia, banim*), cuja sonoridade tanto em aramaico quanto em hebraico, respectivamente, é muito semelhante, bastando acrescentar uma vogal no início para diferenciá-las.

> "*Pouco depois, aproximando-se os que estavam de pé, disseram a Pedro: Verdadeiramente, tu também estás entre eles, pois a tua fala te denuncia*". Mt 26:73.

Simão Pedro, que falava aramaico do Tiberíades, é reconhecido pelo seu sotaque.

No sermão do monte, verdadeira peça de poesia dentro do Evangelho, há intenso uso desses recursos para criar sonoridade, ritmo, rima. Todavia, uma análise detalhada desses casos foge do escopo deste trabalho.

Gerativismo

Nascida no final da década de 1950 com os trabalhos do linguista Noam Chomsky, a linguística gerativa ou gerativismo constitui uma reação ao modelo behaviorista de Leornard Bloomfield, que interpretava a linguagem como condicionamento social ou simples resposta do organismo humano aos estímulos da interação social.

Na abordagem gerativista, a criatividade é a principal característica do comportamento linguístico humano, em comparação com outros sistemas de comunicação.

A partir das contribuições de Chomsky, houve uma revitalização da concepção *racionalista* nos estudos linguísticos, em oposição à concepção *empiricista* dos estruturalistas como Bloomfield, Skinner, entre outros.

As línguas não são mais interpretadas como comportamento socialmente condicionado, mas analisadas como uma faculdade mental natural do ser humano.

Nessa linha de raciocínio, a linguagem é o reflexo de um conjunto de princípios inatos, universais, que compõem a estrutura gramatical das línguas. A semelhança existente entre as diversas línguas expressa a existência de princípios inatos que regem seu funcionamento gramatical.

Mário Martelotta, no *Manual de Linguística*[32], esclarece o tema:

> "*Dois princípios teóricos básicos caracterizam a concepção gerativa de gramática. O primeiro deles é o chamado princípio do inatismo, segundo o qual existe uma estrutura inata, constituída de um conjunto de princípios gerais que impõem limites na variação entre as línguas e que se manifestam como dados universais, ou seja, presentes em todas as línguas do mundo*".

---

32 MARTELOTTA, Mário Eduardo. *Manual de Linguística*. São Paulo: Contexto, 2008. p. 59.

"O segundo princípio gerativista é o princípio da modularidade da mente, que prevê que nossa mente é modular, ou seja, constituída de módulos ou partes, caracterizados como sistemas cognitivos diferentes entre si, que trabalham separadamente. Em outras palavras, cada um desses módulos da mente responde pela estrutura e desenvolvimento de uma atividade cognitiva. Um módulo se relaciona, por exemplo, à nossa capacidade de armazenar informações na memória, outro é responsável pela coordenação motora, outro, pela faculdade da linguagem, e assim por diante".

O enfoque racionalista, a utilização do método dedutivo e o caráter explicativo, consistente na formulação de hipóteses teóricas de cunho universalista, constituem a marca inconfundível do gerativismo.

A teoria gerativa centra-se no estudo da competência linguística, entendida como conhecimento linguístico internalizado, inato, universal, relegando a segundo plano a performance, ou seja, o modo como o falante efetivamente utiliza a língua.

A abordagem gerativista ressente-se de uma submissão excessiva ao racionalismo, aos postulados da lógica universal, desconsiderando a perspectiva de quem produz o discurso, a criatividade do falante que adapta sua fala aos diferentes contextos comunicativos. Permanece, assim, indiferente aos interesses do sujeito que utiliza a linguagem e às características do ambiente social em que atua.

É difícil entender o fato de Jesus recitar o primeiro verso do Salmo 22, em aramaico, no alto do madeiro infame, desconsiderando-se os aspectos sociointerativos da linguagem.

> *"Por volta da hora nona, bradou Jesus, em alta voz, dizendo:* **Eli, Eli, lema sabakhthani?** *Isto é: Meu Deus, Meu Deus, por que me abandonaste?"*
> Mt 27:46.

A abordagem puramente gramatical, literal, teórica dessa exclamação, não leva em conta o significado social desse poema na tradição do povo hebreu, também não avalia com propriedade os aspectos interacionais da linguagem: Por que teria Jesus, nesse momento crucial, recitado o primeiro verso desse importante Salmo? Qual o impacto dessa fala no ouvinte da época?

Essas nuanças não escaparam ao bom-senso do Codificador[33], quando afirma:

> *"Para bem se compreenderem certas passagens dos Evangelhos, é necessário que se conheça o valor de várias palavras neles frequentemente empregadas e que caracterizam o estado dos costumes e da sociedade judia naquela época. Já não tendo para nós*

---

33 KARDEC, Allan. *O Evangelho segundo o Espiritismo*. 1. ed. Rio de Janeiro: FEB, 2008. Introdução, item III.

o mesmo sentido, essas palavras muitas vezes têm sido mal interpretadas, causando isso uma espécie de incerteza. A compreensão do seu significado explica, além disso, o verdadeiro sentido de certas máximas que, à primeira vista, parecem singulares".

Sociolinguística

A Sociolinguística, desenvolvida na década de 1960, a partir dos trabalhos de Labov, Gumperz, Dell Hymes e William Bright, se preocupa com a língua em seu uso real, considerando as relações entre a estrutura linguística e os aspectos sociais e culturais da sua produção.

Considerando a língua como uma instituição social, evita o seu estudo como estrutura autônoma, buscando realçar o contexto situacional, cultural e histórico, das pessoas que a utilizam como meio de comunicação.

Essa abordagem se interessa, de modo especial, pelos fenômenos da variação e da mudança, inerentes a todas as línguas, vistos como consequência de fatores linguísticos e extralinguísticos.

De acordo com essa escola, cabe ao linguista estudar os diversos domínios da variação, demonstrando sua configuração na comunidade da fala, e indicando os contextos linguísticos e extralinguísticos que a favorecem ou inibem.

Maria Maura Cezário e Sebastião Votre, no Manual de Linguística[34], complementam:

> "Assim como a etnolinguística e a psicolinguística, a sociolinguística veio preencher um vazio deixado pelo gerativismo, que considera objetivo legítimo de estudo apenas o aspecto interior das línguas e a competência linguística. Dessa forma, as novas disciplinas vêm priorizar os fatores sociais, culturais e psíquicos que interagem na linguagem. Esses fatores são considerados essenciais para o estudo linguístico porque o homem adquire a linguagem e dela se utiliza dentro de uma **comunidade de fala**, tendo como objetivos a comunicação com os indivíduos e a atuação sobre os interlocutores. Portanto, muito se perde ao abstrair a língua do seu uso real".

> "O indivíduo, inserido numa **comunidade de fala**, partilha com os membros dessa comunidade uma série de experiências e atividades. Daí resultam várias semelhanças entre o modo como ele fala a língua e o modo dos outros indivíduos. Nas comunidades organizam-se agrupamentos de indivíduos constituídos por traços comuns, a exemplo de religião, lazeres, trabalho, faixa etária, escolaridade, profissão e sexo".

---

34 MARTELOTTA, Mário Eduardo. *Manual de Linguística*. São Paulo: Contexto, 2008. p. 147.

É vital a consideração da **comunidade de fala**, ao se estudar qualquer enunciado linguístico, em especial os textos do Novo Testamento.

Jesus sempre adaptava o seu ensino à comunidade de ouvintes, utilizando símbolos da agricultura, da pesca, do exército romano, dos rituais judaicos, da hermenêutica dos Doutores da Lei, conforme variava o público.

Allan Kardec, na introdução de *O Evangelho segundo o Espiritismo*, item III, fez questão de explicar os diversos grupos existentes ao tempo do Cristo, tais como os fariseus, saduceus, samaritanos, de modo a tornar claro que o ensino de Jesus variava, na forma e no fundo, dependendo do seu interlocutor.

Linguística cognitivo-funcional

A abordagem linguística cognitivo-funcional reúne diversas escolas, de natureza relativamente distinta, e designa um conjunto de propostas teórico-metodológicas, cujos pontos em comum lhe conferem um certa unidade.

Nessa proposta, o linguista ultrapassa o exame isolado da frase, considerando o texto e o diálogo, focalizando o uso concreto da língua e a criatividade dos falantes, que adaptam as estruturas linguísticas aos diferentes contextos de comunicação.

Compreende a linguagem como um conjunto complexo de atividades comunicativas, sociais e cognitivas, integradas à psicologia humana, decorrente de interações reais entre os indivíduos.

É o que esclarece Mário Martelotta, no *Manual de Linguística*[35]:

> *"(...) podemos afirmar que, em linhas gerais, a gramática cognitivo-funcional alarga o escopo dos estudos linguísticos para além dos fenômenos estruturais e que, portanto, seu ponto de vista é distinto. Esse tipo de gramática analisa a estrutura gramatical, assim como as gramáticas estrutural e gerativa, mas também analisa a situação de comunicação inteira: o propósito do evento de fala, seus participantes e seu contexto discursivo".*

Dentre as valiosas contribuições oferecidas por essa escola, destacamos a sua concepção de linguagem como instrumento de interação social, buscando no contexto do discurso a motivação para os fatos da língua.

Nesse caso, os domínios da sintaxe, semântica e pragmática são relacionados e interdependentes, já que ao lado da descrição sintática (superfície textual, literalidade) compete ao linguista investigar as circunstâncias discursivas que envolvem as estruturas linguísticas, seus contextos específicos de uso e os propósitos comunicativos dos interlocutores.

O discurso é visto como o somatório daquilo que foi expressado e das condições inerentes ao processo de interação comunicativa (contexto, implícito). Nem tudo está dito no que foi dito.

---

35 MARTELOTTA, Mário Eduardo. *Manual de Linguística*. São Paulo: Contexto, 2008. p. 63.

No Evangelho de Marcos, encontramos o sugestivo uso da palavra Korban. O redator pressupõe que o leitor conheça o termo e as tradições religiosas a ele ligadas.

> "Vós, porém, dizeis: Se um homem disser ao pai ou à mãe: Korban, isto é, oferenda {é} o que de mim te seria útil. {E assim} não o deixais fazer mais nada para o pai ou para a mãe, invalidando a palavra de Deus pela vossa tradição". Mc 7:11-13

Destacando a contribuição das correntes sociocognitivas, afirma Mário Martelotta, no *Manual de Linguística*[36]:

> "(...) o termo sociocognitivismo. Esse termo enfatiza a importância do contexto nos processos de significação e o aspecto social da cognição humana. Mais do que isso, focaliza a linguagem como uma forma de ação, ou seja, através da linguagem comentamos, oramos, ensinamos, discursamos, informamos, enfim, enquadramo-nos nos milhares de papéis sociais que compõem nossa vida diária".
>
> "A expressão "processos de significação" foi empregada no parágrafo anterior com o objetivo de frisar que na concepção cognitivista não há **significados**

---

[36] MARTELOTTA, Mário Eduardo. *Manual de Linguística*. São Paulo: Contexto, 2008. p. 179.

prontos, mas mecanismos de construção de sentidos a partir de dados contextuais essencialmente ricos e dinâmicos. Em outras palavras, os **significados** não são elementos mentais únicos e estáveis, mas resultam de processos complexos de integração entre diferentes domínios do conhecimento".

Voltaremos inúmeras vezes a esse conceito de "*significado*" no decorrer desta obra, por considerá-lo ponto chave para uma nova abordagem do texto bíblico.

Linguística Textual

Desde Saussure, a gramática se tornou o centro das reflexões, incumbindo à linguística a tarefa de construir teorias sobre a gramática das línguas naturais.

Todavia, esse vocábulo deve ser entendido em sua acepção técnica: "Um sistema de regras capaz de descrever um sistema linguístico". Não confundir com a gramática normativa, ou regras de uso da língua culta, aprendida na escola.

Dentro da concepção estruturalista, a gramática descritiva procura enfocar a língua como um sistema de opostos. Partindo de unidades menores para unidades maiores, que as justificam ou englobam, a análise se inicia no nível fonológico, passando pela morfologia até alcançar a sintaxe (relações que os morfemas e as orações mantêm entre si). Nesse modelo, a oração é a unidade máxima de estudo.

Entendendo o fonema como a unidade mínima não significativa, e o morfema como a unidade mínima significativa da língua, a análise linguística partia dessa unidade mínima não significativa, que é o fonema, e findava no estudo da unidade máxima, que é a oração.

A linguística textual iniciou seu desenvolvimento na Europa, durante a década de 1960, na tentativa de superar essas abordagens tradicionais do texto, que se concentravam no estudo progressivo das unidades textuais - palavra, frase, período - postulando que as relações textuais são muito mais que simples somatório de sintagmas, de unidades (mínimas e máximas).

Compreendendo que o todo é muito mais que a soma das partes, a atenção se voltou para a malha textual e suas articulações de forma e sentido. As relações entre os elementos do texto e do contexto passaram a representar o campo de investigações do linguista textual.

A ideia de que um texto se forma apenas pela soma das frases e/ou orações não estava funcionando muito bem.

Na sua fase inicial, da segunda metade da década de 60 até meados da década de 70, a Linguística Textual preocupou-se, basicamente, com os mecanismos interfrásticos (relações entre frases, orações), encarando-os como parte do sistema gramatical da língua, cujo uso garantiria a dois ou mais enunciados sequenciais o estatuto de **texto**.

É o que esclarece Ingedore Villaça Koch[37]:

> *"Como, na construção de um texto, o movimento de retroação, de retomada, é necessariamente acompanhado de outro, o de progressão, muitos autores debruçaram-se sobre os tipos de relações (encadeamentos) que se estabelecem entre enunciados, especialmente quando não assinaladas por conectores, bem como a articulação tema-rema, a seleção dos artigos em enunciados contíguos e assim por diante. Não é de admirar, portanto, que as pesquisas se concentrassem prioritariamente no estudo dos recursos de coesão textual (a propriedade de cohere, hang together), a qual, para eles, de certa forma, englobava a coerência, nesse momento entendida como mera propriedade ou característica do texto".*

Ainda nessa primeira fase, a partir da ideia de que o texto seria simplesmente a unidade linguística mais alta, superior à sentença, priorizou-se a construção de uma gramática textual.

Defendia-se a ideia de uma competência textual semelhante à competência linguística de Chomsky, visto que todo falante de uma língua é capaz de distinguir um texto coerente de um aglomerado incoerente de enunciados.

---

37 KOCH, Ingedore Grunfeld Villaça. *Introdução à Linguística Textual*. São Paulo: Martins Fontes, 2006. p. 5.

Sob forte influência do gerativismo, a investigação da competência textual, inata em todo falante de uma língua, buscava responder às seguintes questões:

1) O que confere textualidade a um enunciado, ou seja, o que faz com que um texto seja um texto?
2) Como se dá a delimitação de um texto? Qual o critério para se considerar um texto completo?
3) Como os textos diferem uns dos outros?

Nesse contexto, diversos estudiosos deram às suas pesquisas uma orientação semântica, como nos informa Ingedore Villaça Koch[38]:

> *"postulavam que na superfície textual apenas poderia ser encontrada parte do sentido de um texto, mas nunca a totalidade de suas informações semânticas, já que para isto é indispensável reportar-se à sua estrutura semântica de base; ou seja, que as estruturas de superfície constituem formas de atualização derivadas de estruturas semânticas profundas. Baseados nessa convicção, esses autores afirmam que os articuladores de natureza sintática funcionam apenas como marcas suplementares, facultativas, que atuam como facilitadores da*

---

38 KOCH, Ingedore Grunfeld Villaça. *Introdução à Linguística Textual*. São Paulo: Martins Fontes, 2006. p. 11.

compreensão para o interlocutor. Em suas análises recorrem ora à lógica formal, ora à gramática de valências ou à semântica de predicados".

Não obstante o esforço na construção da gramática textual, não foi possível responder a todas as questões sobre a natureza dos textos, sem ultrapassar a abordagem sintático-semântica. Até então o texto era visto como produto acabado. A princípio de forma tímida, mas logo a seguir de forma robusta, o texto foi encarado como a **unidade básica de comunicação/interação humana**. Valendo-se das contribuições das teorias pragmáticas, sociocognitivas, interacionais e comunicativas da linguagem, definiu-se o texto como um processo de produção e recepção comunicativa, analisando-o a partir de sua elaboração, de sua verbalização, de seu planejamento, até sua recepção, processamento e uso, enfim, como um complexo processo de interação.

Nesse quadro de ideias, a Linguística Textual ganha uma nova dimensão. Não pretende apenas pesquisar a língua como um sistema autônomo, mas sim o seu funcionamento nos processos comunicativos de uma Sociedade concreta.

É ainda Ingedore Villaça Koch[39] quem nos esclarece:

> "Assim, na metade da década de 70, passa a ser desenvolvido um modelo de base que compreendia a língua como uma forma específica de comunicação social, da atividade verbal humana, interconectada com outras atividades (não linguísticas) do ser humano. Os impulsos decisivos para esta nova orientação vieram da Psicologia da Linguagem (...). Caberia, então, à Linguística Textual a tarefa de provar que os pressupostos e o instrumental metodológico dessas teorias eram transferíveis ao estudo dos textos e de sua produção/recepção, ou seja, que se poderia atribuir também aos textos a qualidade de formas de ação verbal".
>
> "Na década de 80, delineia-se uma nova orientação nos estudos do texto, a partir da tomada de consciência de que todo fazer (ação) é necessariamente acompanhado de processos de ordem cognitiva, de que quem age precisa dispor de modelos mentais de operações e tipos de operações. Com a tônica nas operações de ordem cognitiva, o texto passa a ser considerado resultado de processos mentais: é a abordagem procedural, segundo a qual os parceiros da comunicação possuem saberes acumulados quanto aos diversos tipos de atividades da vida social, têm conhecimentos representados na memória que

---

39 KOCH, Ingedore Grunfeld Villaça. *Introdução à Linguística Textual*. São Paulo: Martins Fontes, 2006. p. 14, 21 e 31.

necessitam ser ativados para que sua atividade seja coroada de sucesso".

*"Não tardou que a separação entre exterioridade e interioridade presente nas ciências cognitivas clássicas se visse questionada, principalmente pela separação que opera entre fenômenos mentais e sociais (...). Desta forma, na base da atividade linguística está a interação e o compartilhamento de conhecimentos e atenção: os eventos linguísticos não são a reunião de vários atos individuais e independentes. São, ao contrário, uma **atividade que se faz com os outros**, conjuntamente. No dizer de Clark, **a língua é um tipo de ação conjunta**".*

No capítulo seguinte, aprofundaremos esses conceitos. Por ora, é suficiente destacar que o estudo dos textos do Novo Testamento pode ser enriquecido com a incorporação destes conhecimentos.

Abandonando as concepções literalistas, fundamentalistas, e adotando-se uma postura sóbria, esclarecida, que leve em conta os avanços da Linguística, da Crítica Literária, poderemos extrair o espírito da letra, na feliz recomendação de Paulo de Tarso[40].

40　II Coríntios 3:6

Capítulo 3

TEXTO

CONCEPÇÕES DE TEXTO

Retomando o capítulo anterior, vimos que a Linguística Textual percorreu vasto caminho antes de atingir seu estágio atual de compreensão dos fenômenos relativos à linguagem. Como nosso interesse está focado no texto, é de grande valia o esquema de Ingedore Villaça Koch[41]:

> "*Entre as várias concepções de texto que fundamentaram os estudos em Linguística Textual, poderíamos destacar as seguintes, ressaltando, contudo, que elas se imbricam em determinados momentos:*
>
> *1. texto como frase complexa ou signo linguístico mais alto na hierarquia do sistema linguístico (concepção de base gramatical);*

---

41 KOCH, Ingedore Grunfeld Villaça. *Introdução à Linguística Textual*. São Paulo: Martins Fontes, 2006. Introdução, p. XII.

2. *texto como signo complexo (concepção de base semiótica);*

3. *texto como expansão tematicamente centrada de macroestruturas (concepção de base semântica);*

4. *texto como ato de fala complexo (concepção de base pragmática);*

5. *texto como discurso "congelado", como produto acabado de uma ação discursiva (concepção de base discursiva);*

6. *texto como meio específico de realização da comunicação verbal (concepção de base comunicativa);*

7. *texto como processo que mobiliza operações e processos cognitivos (concepção de base cognitivista);*

8. *texto como lugar de interação entre atores sociais e de construção interacional de sentidos (concepção de base sociocognitiva-interacional)".*

Todos salientamos a importância da leitura em nossas vidas, e concordamos com a necessidade de se formarem leitores competentes. O problema surge quando somos indagados: O que é ler? Para que ler? Como ler?

A questão assume proporções gigantescas quando se trata da leitura dos textos bíblicos, notadamente do Novo Testamento. O próprio Codificador[42] ressaltou:

---

42 KARDEC, Allan. *O Evangelho segundo o Espiritismo*. 1. ed. Rio de Janeiro: FEB, 2008. Introdução, item I.

> *"Toda a gente admira a moral evangélica; todos lhe proclamam a sublimidade e a necessidade; muitos, porém, assim se pronunciam por fé, confiados no que ouviram dizer, ou firmados em certas máximas que se tornaram proverbiais. Poucos, no entanto, a conhecem a fundo e menos ainda são os que a compreendem e lhe sabem deduzir as consequências. A razão está, por muito, na dificuldade que apresenta o entendimento do Evangelho que, para o maior número dos seus leitores, é ininteligível. A forma alegórica e o intencional misticismo da linguagem fazem que a maioria o leia por desencargo de consciência e por dever, como leem as preces, sem as entender, isto é, sem proveito".*

A nossa compreensão a respeito do que seja **leitura** decorre da concepção adotada acerca de **sujeito, língua, texto** e **sentido**.

Eis a razão do nosso esforço em abordar questões técnicas em alguns capítulos deste livro. Nosso intuito é fornecer subsídios para o aprimoramento da leitura dos ensinos de Jesus, em concordância com os avanços do conhecimento linguístico no século XXI.

Valendo-nos dos ensinos de Ingedore Villaça Koch[43], montamos o seguinte quadro esquemático:

---

43 KOCH, Ingedore Grunfeld Villaça; ELIAS, Vanda Maria. *Ler e Compreender os Sentidos do Texto*. São Paulo: Contexto, 2008. Cap. 1.

	SECULO XIX	SECULO XX
LÍNGUA	Representação do Pensamento.	Código. Instrumento de comunicação.
SUJEITO	Psicológico, individual. Dono absoluto de sua vontade e ação.	Anônimo. 100% social, inconsciente, "Assujeitado" (pré) determinado pelo sistema. Não é dono de sua vontade, nem de sua ação, nem de seu discurso.
TEXTO	Construção de uma representação mental do autor/ego psicológico que A ser "captada" pelo leitor. Produtor lógico do pensamento (representação mental).	Produto da codificação de um emissor absolutamente explícito.
SENTIDO	Representação mental e intenções psicológicas do Produtor do Texto que devem ser captadas.	Operação de decodificação feita pelo leitor/ouvinte com base no conhecimento do Código.
CONSEQUÊNCIAS	• Predomínio da consciência individual no uso da linguagem. • Os indivíduos utilizam a língua como se ele e ela não possuíssem história. • Sujeito cartesiano, de consciência, dono absoluto de sua vontade e de suas palavras que busca "transmitir" de forma exata e mecânica seus pensamentos ao leitor/ouvinte.	• Sujeito inconsciente que não sabe quem é, nem controla o que diz e o que faz. • Sujeito como lugar/canal por onde passa o discurso vindo das "estruturas".

NA ATUALIDADE

Lugar de interação entre sujeitos sociais. Atividade sociocomunicativa. Atividade que compreende o "projeto de dizer" do produtor do texto e uma participação ativa do interpretador (leitor/ouvinte) na construção do sentido por meio da mobilização do contexto, a partir das pistas e sinalizações presentes no texto.

Social. Interativo. Dono relativo da sua vontade e das suas ações. Histórica e ideologicamente situado, que se constitui na interação. Entidade psicossocial interativa. Atores/construtores sociais.

- Lugar de interação onde os interlocutores/sujeitos ativos - dialogicamente - nele se constroem e são construídos mediante a interação.
- Somatório de explícitos e implícitos, dos mais variados, detectáveis apenas mediante resgate do contexto sociocognitivo dos participantes.

Atividade interativa de produção de sentidos, altamente complexa, realizada com base nos elementos linguísticos presentes na superfície textual e na sua forma de organização, mas que requer a mobilização de um vasto conjunto de saberes (enciclopédia) e sua reconstrução no interior do evento comunicativo.

- Leitura como mobilização de uma série de estratégias - sociocognitiva, interacional e textual - para construção do sentido.
- O sentido de um texto é construído na interação texto-sujeitos/texto-comunicadores.
- Coerência deixa de ser mera propriedade/qualidade do texto, mas uma construção dos interlocutores com base na mobilização de todos os elementos do contexto sociocognitivo aliados aos elementos da superfície textual.

Adotado o pressuposto de que o texto é local de interação entre sujeitos sociais que por meio de ações linguísticas e sociocognitivas constroem objetos-de-discurso e propostas de sentido, fazendo escolhas significativas durante o processo de leitura, concordamos com Ingedore Villaça Koch[44] quando diz:

> "A essa concepção subjaz, necessariamente, a ideia de que há, em todo e qualquer texto, uma gama de implícitos, dos mais variados tipos, somente detectáveis pela mobilização do contexto sociocognitivo no interior do qual se movem os atores sociais. Em decorrência, postula-se que a leitura de um texto exige muito mais que o simples conhecimento linguístico compartilhado pelos interlocutores: o leitor é, necessariamente, levado a mobilizar uma série de estratégias tanto de ordem linguística como de ordem cognitivo-discursiva, com o fim de levantar hipóteses, validar ou não as hipóteses formuladas, preencher as lacunas que o texto apresenta, enfim, participar, de forma ativa, da construção do sentido".

O sentido de um texto é, portanto, construído pelos sujeitos durante a interação, e não algo que preexista a essa interação. É o que explica Ingedore Villaça Koch[45]:

---

44 KOCH, Ingedore Grunfeld Villaça; ELIAS, Vanda Maria. *Ler e Compreender os Sentidos do Texto*. São Paulo: Contexto, 2008. Introdução.
45 KOCH, Ingedore Grunfeld Villaça. *Desvendando os Segredos do Texto*. 5 ed. São Paulo: Cortez, 2002. Cap. 1.

"É claro que esta atividade compreende, da parte do produtor do texto, um "projeto de dizer"; e, da parte do interpretador (leitor/ouvinte), uma participação ativa na construção do sentido, por meio da mobilização do contexto (...), a partir das pistas e sinalizações que o texto lhe oferece. Produtor e interpretador do texto são, portanto, "estrategistas", na medida em que, ao jogarem o "jogo da linguagem", mobilizam uma série de estratégias - de ordem sociocognitiva, interacional e textual - com vistas à produção do sentido".

A partir da atual compreensão do texto como local de reunião, interação entre autor/leitor, é surpreendente a afirmação de Emmanuel[46]:

"Estamos agrupados nestas páginas, - os leitores amigos e nós outros, - procurando o sentido de teus ensinamentos com as chaves da Doutrina Espírita, que nos legastes pelas mãos de Allan Kardec. Aqui entrelaçamos atenção e pensamento, sem outras credenciais que não sejam as nossas necessidades do coração".

Esse também é o nosso propósito. Pretendemos com esta obra nos reunir, em grupo, em torno do Evangelho de Jesus, conscientes de que o aprendizado é mais rico quando feito de forma compartilhada.

---

46 XAVIER, Francisco Cândido. *Palavras de Vida Eterna*, pelo Espírito Emmanuel. 31. ed. Uberaba: CEC, 2003. Prefácio, p. 14.

Essa concepção de texto e sentido constitui, a nosso ver, a mais importante **sensibilidade** a ser desenvolvida no estudo do Novo Testamento.

TEXTO DOS
EVANGELHOS

É de fundamental importância o estudo do surgimento, estabilização e transmissão dos textos que compõem o Novo Testamento, bem como dos aspectos redacionais e literários envolvidos em sua produção.

Para tanto, surge a necessidade de se traçar ligeiro esboço histórico e cronológico dos primeiros séculos do Cristianismo.

Os dados cronológicos mais importantes da vida de Jesus encontram-se nas narrativas da infância (Mt 2; Lc 1:5, 2:1-40) e nas narrativas da paixão (Mt 26-27; Mc 14-15; Lc 21-23; Jo 13-19). Outros dados relevantes podem ser encontrados nos Evangelhos de Lucas e João (Lc 3:1-2 e 23; Jo 2:20).

Os historiadores do Cristianismo, porém, chamam a atenção para o fato de que os Evangelhos não são essencialmente obras de história, no sentido atual da palavra. Os evangelistas não pretendiam produzir uma biografia completa ou mesmo um sumário da vida de Jesus. Ao contrário, escreveram com a finalidade de transmitir o ensino do Mestre, os fatos principais da sua vida, de modo a legar à posteridade o testemunho da fé.

Nesse sentido, é justo considerar que os evangelistas organizaram o material da tradição (oral e/ou escrita) de acordo com um propósito redacional. Compilaram e organizaram as narrativas sem se preocuparem, de modo sistemático, com a ordem histórica dos acontecimentos.

Assim, em se tratando de cronologia do Cristianismo Nascente, por vezes, é preciso contentar-se com o estabelecimento de intervalos temporais, dentro dos quais há maior probabilidade de ocorrência de determinado fato. As limitações das fontes históricas disponíveis justificam essa situação.

Segundo o relato dos evangelistas, entre o nascimento de Jesus e o início de seu ministério público, houve um período de "cerca de trinta anos" (Lc 3:23). A elasticidade dessa expressão, porém, pode ser constatada quando se confronta essa passagem com aquela narrativa do Evangelho de João, na qual os judeus dizem: "Ainda não tens cinquenta anos, e dizes ter visto Abraão" (Jo 8:57).

Nesse caso, a única conclusão possível, com base nesses relatos, é de que Jesus desenvolveu seu ministério com idade entre <u>trinta e cinquenta anos</u>. Mas podemos reduzir esse intervalo.

No que diz respeito à data do nascimento de Jesus, merece ser transcrito o extraordinário texto do Espírito Humberto de Campos[47]:

> "(...) o Senhor chamou o Discípulo Bem-Amado ao seu trono de jasmins matizado de estrelas. (...) – João – disse-lhe o Mestre –, lembras-te do meu aparecimento na Terra? – Recordo-me, Senhor. **Foi no ano 749 da era romana, apesar da arbitrariedade de Frei Dionísio, que, calculando no século VI da era Cristã, colocou erradamente o vosso natalício em 754.** – Não, meu João – retornou docemente o Senhor –, não é a questão cronológica que me interessa, ao te arguir sobre o passado. É que nessas suaves comemorações vem até mim o doce murmúrio das lembranças!... – Ah! Sim, Mestre Amado – retrucou pressuroso o Discípulo –, compreendo-vos. Falais da significação moral do acontecimento".

Assim, consoante a revelação espiritual, pelas mãos do respeitável médium Francisco Cândido Xavier, Jesus nasceu no **ano 749 da era romana**.

O primeiro ano do calendário gregoriano (Anno Domini – Ano 1), atualmente em vigor no mundo ocidental, corresponde ao ano 754 U.A.C (ano da fundação de Roma). Observando essa sequência, 753 U.A.C = 1 a.C; 752 U.A.C = 2 a.C; 751 U.A.C = 3 a.C;

---

47 XAVIER, Francisco Cândido. *Crônicas de Além-Túmulo*. Pelo Espírito Humberto de Campos. 13. ed. Rio de Janeiro: FEB, 1998. Cap. 15, p. 89/90.

750 U.A.C = 4 a.C e 749 U.A.C = 5 a.C. Desse modo, é lícito concluir que o nascimento do Mestre se deu no **ano 5 a.C.**

Considerando que seu nascimento se deu no outono/inverno do ano **5 a.C**[48], é possível estabelecer que sua missão pública entre os homens desenvolveu-se entre os anos 25 a 45 d.C. O intervalo é excessivamente extenso, e ainda pode ser reduzido, com base em outros dados.

Jesus foi crucificado quando Pôncio Pilatos era procurador da Judeia (Tácito, *Anais*, XV. 44; Flávio Josefo, *Antiguidades*, XVIII. 63; Relato dos Evangelistas), ou seja, entre 26 a 36 d.C. Já conseguimos uma considerável redução no intervalo.

João Batista iniciou seu ministério no ano décimo quinto de Tibério César (Lc 3:1). Levando-se em conta as divergências na fixação dessa data[49], tal fato ocorreu entre os anos 27 a 29 d.C.

Jesus, por sua vez, deu início ao seu ministério público após João Batista ter iniciado o seu. Computando-se um período razoável de duração do ministério do Cristo, o ano da sua morte, na opinião da maioria dos pesquisadores, deve se situar entre os anos 29 a 34 d.C.

---

48 Consultar o artigo intitulado "Nascimento de Jesus", publicado na *Revista Reformador* do mês de junho de 2008, p. 30.

49 Alguns pesquisadores consideram, para contagem dos quinze anos, o período em que Tibério César se tornou co-regente de Augusto, ao passo que outros recusam esse método de contagem asseverando que deve ser contabilizado apenas o período em que ele regeu sozinho, após a morte do imperador. Visto que Augusto faleceu em 19 de agosto de 14 d.C, a contagem deveria se iniciar após essa data.

Nesse caso, houve uma redução drástica daquele intervalo temporal inicialmente proposto. Nesse ponto, julgamos oportuna a transcrição de pequeno trecho sobre a crucificação encontrado em famoso dicionário bíblico[50]:

"(...) Dentre as tentativas feitas para determinar o ano da crucificação, a mais frutífera tem sido feita com a ajuda da astronomia. De conformidade com todos os quatro evangelhos, a crucificação teve lugar numa sexta-feira; mas enquanto que nos sinóticos essa sexta-feira é 15 de Nisã, em João é 14 de Nisã. Portanto, o problema que tem que ser solucionado com a ajuda da astronomia, é o de determinar em qual dos anos 26-36 d.C é que 14 e 15 de Nisã caíram numa sexta-feira. Mas, visto que nos tempos neotestamentários o mês judaico era lunar, e o tempo de seu início era marcado pela observação da lua nova, esse problema é basicamente o de resolver quando a lua nova se tornou visível. Estudando esse problema, Fotheringham e Schoch chegaram cada qual a uma só fórmula mediante cuja aplicação descobriram que 15 de Nisã caiu numa sexta-feira somente no ano 27 d.C, e que 14 de Nisã caiu numa sexta-feira somente nos anos 30 e 33. Visto que o ano de 27 como ano da crucificação está fora de questão, a escolha recai entre os anos <u>30 d.C (7 de abril) e 33 d.C (3 de abril)</u>. (...)".

---

50 DOUGLAS, J. D. *O Novo Dicionário da Bíblia*. 3. ed. São Paulo: Vida Nova, 2006. p. 304.

Portanto, usando todos os recursos e métodos da moderna pesquisa histórica, pode-se afirmar que a crucificação teria ocorrido no dia 7 de abril do ano 30 d.C ou no dia 3 de abril do ano 33 d.C.

A opção por qualquer dessas datas não isenta o pesquisador de responder a objeções fundadas. É nesse ponto da pesquisa que julgamos conveniente conjugar esforço humano e revelação espiritual, numa operação chamada por Allan Kardec de "fé raciocinada".

Nesse sentido, dois textos encontrados na obra psicográfica de Francisco Cândido Xavier chamam nossa atenção:

> "(...) Nos primeiros dias do ano 30, antes de suas gloriosas manifestações, avistou-se Jesus com o Batista, no deserto triste da Judeia, não muito longe das areias ardentes da Arábia (...)".[51]

> (...) Aproximava-se a Páscoa no ano 33. Numerosos amigos de Públio haviam aconselhado a sua volta temporária a Jerusalém, a fim de intensificar os serviços de procura do filhinho, no curso das festividades que concentravam, na época, as maiores multidões da Palestina (...). De uma sala contígua ao seu gabinete, notou que Públio atendia a numerosas pessoas que o procuravam particularmente, em atitude discreta; e o interessante é que, segundo

---

51 XAVIER, Francisco Cândido. *Boa Nova*. Pelo Espírito Humberto de Campos. 30. ed. Rio de Janeiro: FEB, 2002. Cap. 3, p. 25.

as suas observações, todos expunham ao senador o mesmo assunto, isto é, a prisão inesperada de Jesus Nazareno – acontecimento que desviara todas as atenções das festividades da Páscoa, tal o interesse despertado pelos feitos do Mestre, em todos os espíritos. (...).[52]

Assim, consoante a revelação espiritual contida na obra de Francisco Cândido Xavier, Jesus iniciou seu ministério no **ano 30 d.C** e foi crucificado no **ano 33 d.C**, após iniciadas as festividades da Páscoa[53] na Palestina daquela época.

A crucificação de Jesus se deu em **Abril/Maio do ano 33 d.C**[54], ao passo que Pentecostes (At 2) ocorreu cinquenta dias depois daquela data. Ainda nesse ano, Pedro discursou no Templo de Jerusalém (At 3:1 – 4:31).

No **ano 34 d.C,** Pedro fixa residência na cidade de Jerusalém, fundando a "Casa do Caminho", primeiro núcleo cristão de assistência aos necessitados e divulgação do Evangelho.

Os primeiros acontecimentos descritos no romance

---

52 XAVIER, Francisco Cândido. *Há 2000 Anos*. Pelo Espírito Emmanuel. 42. ed. Rio de Janeiro: FEB, 2002. Primeira Parte, Cap. VIII (No grande dia do Calvário), p. 133/136.

53 A festa da Páscoa começa no crepúsculo da sexta-feira (14 de Nisã), ou seja, no início do sábado (15 de Nisã), uma vez que os judeus contavam o dia a partir das dezoito horas. Essa festa durava uma semana, findando no sábado seguinte (22 de Nisã).

54 Consultar o artigo intitulado "A Crucificação de Jesus", publicado na *Revista Reformador*, Ano 126, n° 2.154, setembro de 2008, p. 33.

"Paulo e Estêvão" se dão na **primavera/verão** do **ano 34 d.C**, ocasião em que Jeziel (Estêvão) é levado cativo para as galeras romanas (**outono de 34 d.C**), e acaba aportando doente em Jerusalém, sendo conduzido para a "Casa do Caminho" no **inverno** do **ano 34/35 d.C**, ou seja, final daquele ano e início do outro.

Nesse mesmo período, talvez, Pedro foi preso e discursou no Sinédrio (At 5:12-42), sendo libertado em função da célebre intervenção de Gamaliel.

Na **primavera** do **ano 35 d.C**, Estêvão é nomeado para ser um dos sete trabalhadores que cooperariam com os apóstolos nos trabalhos da igreja nascente (At 6:1-7), sendo preso e apedrejado pouco tempo depois, no **verão** do **ano 35 d.C**[55] (At 6:8 -7:60).

O objetivo da reconstituição destes dados é fornecer ao leitor um panorama cronológico da vida e dos trabalhos públicos de Jesus, com vistas ao estudo dos aspectos relacionados à redação dos Evangelhos.

Em se tratando de redação dos textos, é preciso reconhecer a predominância da oralidade, do ensino oral, no mundo antigo, bem como compreender o cerne da estratégia do Cristo na divulgação do seu Evangelho.

No tocante à estratégia, nos esclarece o Espírito Humberto de Campos[56], sob o pseudônimo de Irmão X:

---

55 Consultar o artigo intitulado "O Primeiro Mártir", publicado na *Revista Reformador*, Ano 127, nº 2.154, janeiro de 2009, p. 33.
56 XAVIER, Francisco Cândido. *Luz Acima*. Pelo Espírito Humberto de Campos. 8. ed. Rio de Janeiro: FEB, 1993. Cap. 45.

*"Foi então que Levi, homem prático e habituado à estatística, observou prudente: - Senhor, o fariseu lê a Torah, baseando-se nas suas instruções; o saduceu possui rolos preciosos a que recorre na propaganda dos princípios que abraça; o gentio, sustentando as suas escolas, conta com milhares de pergaminhos, arquivando pensamentos e convicções dos filósofos gregos e persas, egípcios e romanos... E nós? a que documentos recorreremos? que material mobilizaremos para ensinar em nome do Pai Sábio e Misericordioso?!... O Mestre meditou longamente e falou: - Usaremos a palavra, quando for necessário, sabendo porém que o verbo degradado estabelece o domínio das perturbações e das trevas. Valer-nos-emos dos caracteres escritos na extensão do Reino do Céu. No entanto, não ignoraremos que as praças do mundo exibem numerosos escribas de túnicas compridas, cujo pensamento escuro fortalece o império da incompreensão e da sombra. Utilizaremos, pois, todos os recursos humanos, no apostolado, entendendo, contudo, que o material precioso de exposição da Boa Nova reside em nós mesmos. O próximo consultará a mensagem do Pai em nossa própria vida, através de nossos atos e palavras, resoluções e atitudes... Pousando a destra no peito, acentuou: - **A escritura divina do Evangelho** é o próprio **coração do discípulo**".*

Complementando esses informes, acrescenta o

benfeitor Emmanuel[57]:

> "A recordação dos exemplos do Mestre não se restringia aos povos da Judeia, que lhe ouviram diretamente os ensinos imorredouros. Numerosos centuriões e cidadãos romanos conheceram pessoalmente os fatos culminantes das pregações do Salvador. Em toda a Ásia Menor, na Grécia, na África e mesmo nas Gálias, como em Roma, falava-se dele (...). Sua doutrina de perdão e de amor trazia nova luz aos corações e os seus seguidores destacavam-se do ambiente corrupto do tempo, pela pureza de costumes e por uma conduta retilínea e exemplar (...). A doutrina do Crucificado propagava-se com a rapidez do relâmpago. (...) Doutrina alguma alcançara no mundo semelhante posição, em face da preferência das massas. **É que o Divino Mestre selara com exemplos as palavras de suas lições imorredouras**".

No que diz respeito à oralidade, não podemos avaliar a Sociedade do tempo em que viveu Jesus adotando critérios modernos ou contemporâneos. Nossos métodos de análise são inadequados quando aplicados ao primeiro século do Cristianismo Nascente.

É comum medir-se a inteligência de alguém, nos dias atuais, pelo seu grau de alfabetização, pelos títulos acadêmicos que ostenta, oriundos de uma educação

---

57 XAVIER, Francisco Cândido. *A Caminho da Luz,* pelo Espírito Emmanuel. 29. ed. Rio de Janeiro: FEB, 2002. Cap. XIV.

formal feita em instituições renomadas. Todavia, esse critério mostra-se inadequado para avaliar o homem do primeiro século.

As informações trazidas por Ben Witherington III[58] são de fundamental importância para nosso estudo:

"Os antigos raramente esperavam uma transcrição ao pé da letra de uma fala, exceto ocasionalmente, quando se tratava de atas legais ou pronunciamentos do rei. Mesmo assim, obter a reprodução ao pé da letra de discursos proferidos durante um julgamento era novidade na época de Júlio César".

"No mundo do NT, a palavra falada reinava soberana. Aliás, o NT foi escrito numa cultura predominantemente oral, na qual a escrita não tinha a primeira nem a última palavra. Pense, por exemplo, no que Platão disse antes da época do NT, quando menciona a advertência de Sócrates contra a substituição das tradições orais pela palavra escrita, porque as pessoas deixariam de usar a memória (Fedro, 274c - 275)".

"Os manuscritos, como eram todos os textos anteriores à invenção da imprensa, eram muito menos estáveis que os atuais textos impressos, porque estavam sujeitos a modificações acidentais ou propositais, a cada nova transcrição. Além disso, na antiguidade, quase toda leitura, pública ou privada, era feita em voz alta; os textos eram

---

58 WITHERINGTON III, Ben. *História e Histórias do Novo Testamento.* 1. ed. São Paulo: Vida Nova, 2005. Cap. 1, p. 15/16.

rotineiramente convertidos no modo oral. Sabendo disso, os escritores antigos escreviam tanto para o ouvido quanto para os olhos".

Essa mudança de perspectiva apresenta uma riqueza de nuanças que antes permaneciam obscuras aos nossos olhos. Ben Witherington III[59] arremata:

> *"Nós, que estamos acostumados a ler a Bíblia, gostamos de repetir a frase "No princípio era o verbo". Logo ficará bem claro quanto essa frase é verdadeira. Antes que houvesse quaisquer palavras escritas para compor os livros do NT, havia palavras faladas - milhares delas. Provavelmente, o NT é apenas a ponta do iceberg de uma abundância de palavras sobre Jesus que foram comunicadas no primeiro século d.C. Podemos quase sentir a frustração do autor do Evangelho de João quando diz: "Jesus, na verdade, realizou na presença de seus discípulos ainda muitos outros sinais que não estão registrados neste livro" (João 20:30). Por que eles não foram registrados? Porque um rolo de papiro tinha um determinado tamanho, e o papiro era caro. Além disso, escrever e copiar um texto à mão era uma tarefa extremamente tediosa. Essas são limitações que raramente experimentamos na maioria dos lugares do mundo de hoje".*

---

59 WITHERINGTON III, Ben. *História e Histórias do Novo Testamento*. 1. ed. São Paulo: Vida Nova, 2005. Cap. 1, p. 16.

Feitas estas digressões, voltemos aos primórdios da divulgação da mensagem de Jesus. Nesse particular, a investigação se volta para o idioma materno de Jesus, ou seja, aquele utilizado mais frequentemente em suas prédicas.

Em seu admirável romance publicado em 1939, Emmanuel[60] já advertia, com a sutileza que lhe é peculiar:

> *"Dando curso às ideias que lhe fluíam da mente incendiada e abatida, Públio Lentulus considerou dificílima a hipótese do seu encontro com o mestre de Nazaré. Como se entenderiam? Não lhe interessara o conhecimento minucioso dos dialetos do povo e, certamente, Jesus lhe falaria no **aramaico comumente usado na bacia de Tiberíades**".*

Os mais renomados pesquisadores do Novo Testamento confirmam sem dificuldade essa informação, hoje com muito mais firmeza e elementos de prova que no passado.

Joaquim Jeremias[61] resume muito bem essa questão:

> *"As palavras de Jesus transmitidas pelos sinóticos apresentam-se na roupagem de um grego coiné de traços semíticos. Ainda que no ambiente helenístico*

---

60 XAVIER, Francisco Cândido. *Há 2000 Anos*, pelo Espírito Emmanuel. 42. ed. Rio de Janeiro: FEB, 2002. Cap. V.
61 JEREMIAS, Joaquim. *Teologia do Novo Testamento*. 2. ed. São Paulo: Hagnos, 2008. Cap. 1.

> se deva ter considerado esse colorido semítico como carente de beleza e necessitado de melhoria, a tradição como um todo se comportou muito discretamente na helenização das palavras de Jesus".
>
> "O idioma subjacente às palavras de Jesus deve ser definido como pertencente ao ramo ocidental da família linguística aramaica. Desde que G. Dalman apresentou a prova básica para esse fato (...) pôs os fundamentos até agora não superados para se tratar desta questão (...) que não se pode mais duvidar de que essa noção é correta. Deve-se dizer ainda mais precisamente que a língua materna de Jesus é o **dialeto galileu do aramaico ocidental**".

Por esta razão, Emmanuel[62] é peremptório ao responder a questão que lhe foi formulada acerca das traduções:

> "Qual a edição dos Evangelhos que melhor traduz a fonte original? - A grafia original dos Evangelhos já representa, em si mesma, a própria tradução do ensino de Jesus, considerando-se que essa tarefa foi delegada aos seus apóstolos".

Retomamos, neste ponto, a reflexão a respeito da oralidade dos ensinos do Mestre, que preferiu a exemplificação pessoal aliada à prédica, delegando a

---

62 XAVIER, Francisco Cândido. *O Consolador*, pelo Espírito Emmanuel. 24. ed. Rio de Janeiro: FEB, 2003. Questão 321.

redação dos textos aos apóstolos.

Todos os manuscritos antigos do Novo Testamento, que sobreviveram e foram recuperados, estão redigidos em grego koiné, também conhecido como grego comum, popular. Não obstante, Jesus falava comumente o dialeto aramaico.

É notório o fato de que a própria redação dos textos iniciais, bem como sua revisão e ampliação posterior, representa uma tradução, como bem salientou o Espírito Emmanuel.

Para justificar a extensa cronologia acima apresentada, julgamos oportuno rever algumas datas relativas ao surgimento dos Evangelhos, à luz da revelação espiritual.

Nosso intento, para ser bem sucedido, deve levar em conta preciosos dados contidos no romance Paulo e Estêvão[63], no qual é narrado o encontro entre Simão Pedro e Jeziel (Estêvão), na "Casa do Caminho":

> *"E Simão Pedro, olhos acesos na chama luminosa dos que se sentem felizes ao recordar um tempo venturoso, falou-lhe da exemplificação do Senhor, traçando uma perfeita biografia verbal do Mestre sublime. Em traços de forte colorido, lembrou os dias em que o hospedava no seu tugúrio à margem do Genesaré, as excursões pelas aldeias vizinhas, as viagens de barca, de Cafarnaum aos sítios marginais*

---

63 XAVIER, Francisco Cândido. *Paulo e Estêvão*, pelo Espírito Emmanuel. 41. ed. Rio de Janeiro: FEB, 2004. Primeira Parte, cap. III.

do lago. Era de se lhe ver a emoção intraduzível da voz, a alegria interior com que rememorava os feitos e prédicas junto ao lago marulhoso, acariciado pelo vento, a poesia e a suavidade dos crepúsculos vespertinos. A imaginação viva do Apóstolo sabia tecer comentários judiciosos e brilhantes ao evocar um leproso curado, um cego que recuperara a vista, uma criancinha doente e prestes restabelecida. Jeziel bebia-lhe as palavras, inteiramente empolgado, como se houvesse encontrado um mundo novo. A mensagem da Boa Nova penetrava-lhe o espírito desencantado, como um bálsamo suave. Quando Simão parecia prestes a terminar a narrativa, não pôde conter-se e perguntou: – E o Messias? Onde está o Messias? – Há mais de um ano – exclamou o Apóstolo apagando a vivacidade com a lembrança triste – foi crucificado aqui mesmo em Jerusalém, entre os ladrões. Em seguida, passou a enumerar os martírios pungentes, as dolorosas ingratidões de que o Mestre fora vítima, os ensinos derradeiros e a gloriosa ressurreição do terceiro dia. Depois, falou dos primeiros dias do apostolado, dos acontecimentos do Pentecostes e das últimas aparições do Senhor, no cenário sempre saudoso da Galileia distante".

Eis o Evangelho oral de Simão Pedro, gravado em sua memória, em seu coração, em sua alma, transmitido a todos que o procuravam com a empolgação e o sentimento de alguém que conviveu com o Mestre, experimentando as marcas indeléveis da sua presença imorredoura.

Não se tratava de um texto frio, mas de uma

experiência inesquecível e incomum. Esse testemunho de Cefas era capaz de transformar almas, arrebatando-as para o Cristo. A única coisa que podemos dizer a esse respeito é: "No princípio era o Verbo".

Para nossa surpresa, no entanto, revela Emmanuel, no mesmo trecho da obra:

> *"– Vou buscar-te os textos novos. São as anotações de Levi sobre o Messias redivivo. E, em breves minutos, o Apóstolo lhe punha nas mãos os pergaminhos do Evangelho. Jeziel não leu; devorou. Assinalou, em voz alta, uma a uma, todas as passagens da narrativa, seguido pela atenção de Pedro intimamente satisfeito. Terminada a rápida análise, o jovem advertiu: – Encontrei o tesouro da vida, preciso examiná-lo com mais vagar, quero saturar-me da sua luz, pois aqui pressinto a chave dos enigmas humanos. Quase em lágrimas, leu o Sermão da Montanha, **secundado pelas comovedoras lembranças de Pedro**. Em seguida, ambos passaram a comparar os ensinamentos do Cristo com as profecias que o anunciavam. O jovem hebreu estava comovidíssimo e queria conhecer os mínimos episódios da vida do Mestre. Simão procurava satisfazê-lo, edificado e satisfeito. O generoso amigo de Jesus, tão incompreendido em Jerusalém, experimentava uma alegria orgulhosa por haver encontrado um jovem que se entusiasmava com os exemplos e ensinamentos do Mestre incomparável".*

Simão Pedro complementava as anotações de Levi com suas recordações do ensino do Mestre. O que teria ele dito a Jeziel? Quais complementações foram feitas?

Lembrando que Jeziel (Estêvão) é levado cativo para as galeras romanas (**outono de 34 d.C**), e acaba aportando doente em Jerusalém, sendo conduzido para a "Casa do Caminho" no **inverno** do **ano 34/35 d.C**, não temos dificuldade em concluir que as *"anotações de Levi"* já estavam redigidas em pergaminhos nessa data.

Naturalmente, somos obrigados a reconhecer que essas anotações foram ampliadas no decorrer do tempo, até assumirem a forma do Evangelho de Mateus, tal como o conhecemos nos dias atuais.

Podemos afirmar que as testemunhas oculares complementavam as informações presentes nas *"anotações de Levi"*, enriquecendo-as com suas lembranças dos fatos, como no caso de Simão Pedro.

No romance Paulo e Estêvão[64] há o registro de interessante fato, ocorrido quando Paulo retornava a Jerusalém, após passar três anos no deserto:

> *"Fazia questão de conhecer o teatro das primeiras lutas do Mestre, identificar-se com as paisagens mais queridas, visitar Cafarnaum e Nazaré, ouvir*

---

[64] XAVIER, Francisco Cândido. *Paulo e Estêvão*, pelo Espírito Emmanuel. 41. ed. Rio de Janeiro: FEB, 2004. Segunda Parte, cap. III.

*a palavra dos filhos da região. Naquele tempo, já o ardoroso Apóstolo dos gentios desejava inteirar-se de todos os fatos referentes à vida de Jesus, **ansiava por coordená-los com segurança, de maneira a legar aos irmãos em Humanidade o melhor repositório de informações sobre o Emissário Divino**".*

*"Por dois dias ali permaneceu em suave embevecimento. Sem revelar-se, procurou Levi, que o recebeu de boa vontade. Mostrou-lhe sua dedicação e conhecimento do Evangelho, falou da oportunidade de suas anotações. O filho de Alfeu alegrou-se ao contágio daquela palavra inteligente e confortadora. Saulo viveu em Cafarnaum horas deliciosas para o seu espírito emotivo. Fora o local das pregações do Mestre; mais adiante, a casinha de Simão Pedro; além, a coletoria onde o Mestre fora chamar Levi para o desempenho de importante papel entre os apóstolos. Abraçou homens fortes, da localidade, que tinham sido cegos e leprosos, curados pelas mãos misericordiosas do Messias; foi a Dalmanuta, onde conheceu Madalena. Enriqueceu o mundo impressivo de suas observações **colhendo informes inéditos**".*

Vê-se que Paulo de Tarso pretendia redigir seu próprio Evangelho, com base nos informes que recolhia, por considerar que diversos fatos da vida de Jesus estavam ausentes das *"anotações de Levi"*.

Também no romance Paulo e Estêvão[65] encontramos a complementação desses informes:

> "*Naturalmente, depois da morte de Simão, os adversários dos princípios ensinados pelo Mestre acharão grande facilidade em deturpar as anotações de Levi. (...) Necessitamos levar a notícia de Jesus a outras gentes, ligar as zonas de entendimento cristão, abrir estradas novas... Será mesmo justo que também façamos anotações do que sabemos de Jesus e de sua divina exemplificação. Outros discípulos, por exemplo, poderiam escrever o que viram e ouviram, pois, com a prática, vou reconhecendo que **Levi não anotou mais amplamente o que se sabe do Mestre**. Há situações e fatos que não foram por ele registrados. Não conviria também que Pedro e João anotassem suas observações mais íntimas? Não hesito em afirmar que os pósteros hão de rebuscar muitas vezes a tarefa que nos foi confiada.*"

O Espírito Emmanuel[66] explica esse intricado processo de formação, acréscimo de informações, estabilização e redação definitiva dos textos:

> "*Nesse tempo, quando a guerra formidável da crítica procurava minar o edifício imortal da nova doutrina, os mensageiros do Cristo presidem à*

---

65 XAVIER, Francisco Cândido. *Paulo e Estêvão*, pelo Espírito Emmanuel. 41. ed. Rio de Janeiro: FEB, 2004. Segunda Parte, cap. IV.
66 XAVIER, Francisco Cândido. *A Caminho da Luz*, pelo Espírito Emmanuel. 29. ed. Rio de Janeiro: FEB, 2002. Cap. XIV.

redação dos textos definitivos, com vistas ao futuro, não somente junto aos Apóstolos e seus discípulos, mas igualmente junto aos núcleos das tradições. Os cristãos mais destacados trocam, entre si, cartas de alto valor doutrinário para as diversas igrejas. São mensagens de fraternidade e de amor, que a posteridade muita vez não pôde ou não quis compreender."

No trabalho de redação dos Evangelhos, que constituem, sem dúvida, o portentoso alicerce do Cristianismo, verificavam-se, nessa época, algumas dificuldades para que se lhes desse o precioso caráter universalista. Todos os Apóstolos do Mestre haviam saído do teatro humilde de seus gloriosos ensinamentos; mas, se esses pescadores valorosos eram elevados Espíritos em missão, precisamos considerar que eles estavam muito longe da situação de espiritualidade do Mestre, sofrendo as influências do meio a que foram conduzidos. Tão logo se verificou o regresso do Cordeiro às regiões da Luz, a comunidade cristã, de modo geral, começou a sofrer a influência do judaísmo, e quase todos os núcleos organizados, da doutrina, pretenderam guardar feição aristocrática, em face das novas igrejas e associações que se fundavam nos mais diversos pontos do mundo. É então que Jesus resolve chamar o espírito luminoso e enérgico de Paulo de Tarso ao exercício do seu ministério. Essa deliberação foi um acontecimento dos mais significativos na história do Cristianismo".

Neste ponto de nossas reflexões, podemos concluir

que o primeiro documento do Novo Testamento foram as *"anotações de Levi"*, o qual circulou entre os discípulos pouco tempo depois da crucificação do Mestre, consoante examinado acima.

O próprio Apóstolo dos Gentios utilizou essas anotações, enquanto recolhia suas próprias impressões das testemunhas oculares da época, incluindo Maria, mãe de Jesus.

Por outro lado, no ano 52 d.C, Paulo de Tarso inicia o processo de remessa das suas luminosas cartas, que atingiram ampla circulação naquela época.

Mais uma vez, Emmanuel[67] surpreende, ao narrar a visita de Jesus a Paulo de Tarso, na igreja de Corinto:

> *"(...) a voz prosseguia com brandura: - Poderás resolver o problema escrevendo a todos os irmãos em meu nome; (...) Doravante, Estêvão permanecerá mais aconchegado a ti, transmitindo-te meus pensamentos, e o trabalho de evangelização poderá ampliar-se em benefício dos sofrimentos e das necessidades do mundo. (...) Assim começou o movimento dessas cartas imortais, cuja essência espiritual provinha da esfera do Cristo, através da contribuição amorosa de Estêvão (...)"*

Essa visita se deu por volta do **ano 52 d.C**, data em que Paulo redige sua primeira epístola, a Carta aos Tessalonicenses.

---

[67] XAVIER, Francisco Cândido. *Paulo e Estêvão*: pelo Espírito Emmanuel. 41. ed. Rio de Janeiro: FEB, 2004. Segunda Parte, cap. VII.

Destacamos, neste ponto dos nossos estudos, que nessa época começaram a circular as cartas de Paulo e de outros discípulos que lhe seguiram o exemplo, juntamente com as "*anotações de Levi*".

São esses os primeiros documentos escritos utilizados pela comunidade cristã, a par da vasta tradição oral que era transmitida nas pregações, conversas e encontros.

No **ano 60 d.C**, quando o Apóstolo dos Gentios se encontrava preso em Cesareia, recebe a visita do médico Lucas, travando interessante diálogo, registrado por Emmanuel [68]:

> "*A esse tempo, o ex-doutor de Jerusalém chamou a atenção de Lucas para o velho projeto de escrever uma biografia de Jesus, valendo-se das informações de Maria; lamentou não poder ir a Éfeso, incumbindo-se desse trabalho, que reputava de capital importância para os adeptos do Cristianismo. O médico amigo satisfez-lhe integralmente o desejo, legando à posteridade o precioso relato da vida do Mestre, rico de luzes e esperanças divinas. Terminadas as anotações evangélicas, o espírito dinâmico do Apóstolo da gentilidade encareceu a necessidade de um trabalho que fixasse as atividades apostólicas logo após a partida do Cristo, para que o mundo conhecesse as gloriosas revelações do Pentecostes, e assim se originou o magnífico relatório de Lucas, que é –*

---

68 XAVIER, Francisco Cândido. *Paulo e Estêvão*: pelo Espírito Emmanuel. 41. ed. Rio de Janeiro: FEB, 2004. Segunda Parte, cap. VIII.

Atos dos Apóstolos."

De forma indireta, a espiritualidade superior está nos dizendo que o Evangelho de Lucas surgiu por volta do **ano 60 d.C**, fruto das anotações feitas por Paulo de Tarso, ao longo da sua longa jornada como divulgador da mensagem de Jesus, entregues ao dedicado médico e amigo.

A tradição cristã afirma que as recordações de Pedro foram registradas por Marcos, quando eles se encontravam em Roma. É o que afirmam os chamados Pais da Igreja: Papias, Clemente de Alexandria, Orígines, Eusébio de Cesareia.

No romance Paulo e Estêvão[69] encontramos informes cronológicos referentes à chegada do pescador de Cafarnaum em Roma:

> *"Durante um mês, no princípio do ano 63, visitou as comunidades cristãs de todos os bairros da capital do Império. (...) o incansável trabalhador resolveu partir para a Espanha. (...) Às vésperas da partida (...) eis que o Apóstolo recebe uma carta comovente de Simão Pedro. O ex-pescador de Cafarnaum escrevia-lhe de Corinto, avisando sua próxima chegada à cidade imperial. (...) Também ele, Simão, deliberara exilar-se junto dos irmãos da metrópole imperial, esperando ser útil ao amigo, em quaisquer circunstâncias".*

---

69 XAVIER, Francisco Cândido. *Paulo e Estêvão*, pelo Espírito Emmanuel. 41. ed. Rio de Janeiro: FEB, 2004. Segunda Parte, cap. IX e X.

Persiste apenas a dúvida se Marcos teria escrito seu Evangelho antes do martírio de Pedro, ocorrido por volta do **ano 64 d.C**, ou após a morte do apóstolo.

No tocante ao Evangelho de João, não há dúvidas de que foi redigido nos últimos anos do primeiro século, por algum de seus discípulos, responsável pelo registro de suas recordações e lições.

O estudo da história do texto dos Evangelhos nos permitiu o desenvolvimento de uma nova e importante **sensibilidade**, absolutamente necessária para interpretar-se de forma adequada os ensinos do Mestre.

Trata-se do reconhecimento de que o registro escrito é sempre limitado, parcial, resultado de um longo processo de amadurecimento textual que se inicia no trabalho de redação inicial, amplia-se nos acréscimos e revisões, até sua estabilização final no trabalho de redação definitiva, tudo sob a supervisão dos prepostos de Jesus.

Por se tratar de literatura, é preciso extrair o espírito da letra, abandonando a postura literalista, excessivamente crítica e racional, sob pena de perder-se a essência espiritual da lição, que é sempre um convite ao coração do leitor.

INTERPRETAÇÃO - ARMADILHAS E LIMITES

Diante de tudo que já foi visto até este ponto da nossa jornada, podemos afirmar que a primeira armadilha na interpretação do Novo Testamento é a postura literalista, segundo a qual compete ao leitor captar o pensamento do autor, descobrir o sentido único presente no texto.

Para essa concepção o texto diz tudo, é absolutamente explícito, cabendo ao intérprete a postura passiva de decodificador.

Desconsiderar o ambiente cultural, linguístico, religioso no qual foram produzidos os textos também constitui grave equívoco, como nos adverte Allan Kardec[70]:

---

70 KARDEC, Allan. *O Evangelho segundo o Espiritismo*. 1. ed. Rio de Janeiro: FEB, 2008. Cap. XXIII.

"Se não se tiver em conta o meio em que Jesus vivia, fica-se exposto a equívocos sobre o valor de certas expressões e de certos fatos, em consequência do hábito que se tem de assimilar os outros a si próprio".

D. A. Carson publicou em 1984 um livro intitulado *Falácias Exegéticas*, traduzido para o português em 1992[71], no qual lista as principais falácias da interpretação bíblica, classificando-as em falácias vocabulares, gramaticais, lógicas, históricas e de pressupostos.

Embora Carson cometa alguns exageros, considerando falácias algumas opiniões pelo simples fato de serem contrárias às suas, aponta erros trágicos que podem e devem ser evitados.

Basicamente, esses erros decorrem da falta de consideração ao contexto, no sentido mais amplo do termo, como examinaremos no capítulo seguinte.

No tocante à falácia vocabular, o vilão é a chamada interpretação etimológica, quando se considera que o significado de uma palavra é exclusivamente determinado pelo seu radical, pela sua origem etimológica, desconsiderando-se o uso do vocábulo na Sociedade.

É importante considerar que todo bom dicionário apresenta uma série de exemplos, empregos do vocábulo, extraídos da literatura daquela língua, com

---

[71] CARSON, D. A. *Os Perigos da Interpretação Bíblica*. 2. ed. São Paulo: Vida Nova, 2007.

o objetivo de demonstrar o uso daquela palavra pela comunidade dos falantes daquele idioma. É o uso que determina o sentido de um vocábulo.

A palavra grega "astu" significa cidade, por outro lado o termo grego "komé" tem o sentido de aldeia, vilarejo. Seria cômico dizermos que o morador da cidade é astuto, ao passo que o morador do vilarejo é cômico ou comediante.

A avaliação isolada de radicais, seguida de exercícios de etimologia, podem nos conduzir a conclusões trágicas, conquanto cômicas. Urge considerar o emprego real da palavra na Sociedade da época em que o texto foi produzido.

O mesmo vale para os erros de aspecto gramatical, histórico, no qual o intérprete faz suposições, afirmações, deduções que não podem ser demonstradas.

As falácias de ordem lógica estão ligadas a falhas na argumentação do intérprete, que muitas vezes se vale de imprecisões, generalizações, conjunto insuficiente de evidências, raciocínio inadequado, superficialidade, preconceito.

O próprio texto estabelece os limites para a sua interpretação. Nem todas as interpretações são plausíveis, caso contrário não haveria necessidade do texto, bastaria o leitor concluir o que lhe viesse à cabeça.

O leitor competente deve seguir de perto as "pistas" encontradas no texto, recuperando o contexto com todas as ferramentas à sua disposição.

Para ilustrar a importância do resgate do contexto, sobretudo do ambiente cultural no qual o texto foi produzido, vale transcrever o exemplo dado por Joaquim Jeremias[72]:

> *"...estranha que o semeador em Mc 4:3-8 seja de tal inabilidade ao semear a ponto de pôr a perder uma quantidade de semente; era de se esperar a descrição da técnica que nos é habitual de semear. Mas trata-se de algo que acontece na realidade. Compreende-se o caso, quando se sabe como se semeia na Palestina, ou seja, precisamente antes de arar a terra. Portanto, o semeador da parábola vai passando pelo campo não arado e ainda cheio de restolho! Vê-se então por que ele semeia no caminho: é de propósito que ele lança a semente no caminho, isto é, no trilho que os camponeses, de tanto passar, formaram no meio da antiga roça, pois também o trilho deverá ser arado. É também de propósito que ele semeia entre os espinhos secos espalhados pelo chão não lavrado, pois também eles serão revirados quando o arado passar. Também não é mais de se estranhar que os grãos caiam em chão rochoso, pois as rochas calcárias, recobertas por uma fina camada de terra, dificilmente se distinguem do campo cheio de restolho, antes de os discos do arado rangerem de encontro a elas. Portanto, o que ao ocidental parece inabilidade, é o comum no meio palestinense".*

---

72 JEREMIAS, Joaquim. *As Parábolas de Jesus*. 9. ed. São Paulo: Paulus, 2004. Cap. 1.

Capítulo 4

CONTEXTO

A METÁFORA DO ICEBERG

No início dos estudos da Linguística Textual, quando vigorava a chamada análise transfrástica (relações entre as frases e orações), o contexto era visto apenas como o entorno verbal (co-texto), ou seja, os segmentos textuais precedentes e subsequentes ao período sob exame. Prevalecia, nessa época, a ideia de texto como produto acabado, entendendo-se a coerência e a coesão como propriedades intrínsecas dele, capazes de dotá-lo de textualidade.

Vale repetir o ensino de Ingedore Villaça Koch[73], para melhor fixação:

> *"Como, na construção de um texto, o movimento de retroação, de retomada, é necessariamente acompanhado de outro, o de progressão, muitos autores debruçaram-se sobre os tipos de relações (encadeamentos) que se estabelecem entre enunciados,*

---

73 KOCH, Ingedore Grunfeld Villaça. *Introdução à Linguística Textual*. São Paulo: Martins Fontes, 2006. p. 5.

especialmente quando não assinaladas por conectores, bem como a articulação tema-rema, a seleção dos artigos em enunciados contíguos e assim por diante. Não é de admirar, portanto, que as pesquisas se concentrassem prioritariamente no estudo dos recursos de coesão textual (a propriedade de cohere, hang together), a qual, para eles, de certa forma, englobava a coerência, nesse momento entendida como mera propriedade ou característica do texto".

O texto, como malha repleta de articulações de forma e sentido, parecia indicar que o contexto se restringia ao próprio texto, limitava-se às relações que as partes mantinham entre si.

Em suma, o texto era conceituado como uma sequência ou combinação de frases, cuja unidade e coerência seria obtida pela repetição dos mesmos referentes e pelo uso de conectores ou elementos de relação entre segmentos maiores e menores.

Na metade da década de 70 desenvolveu-se um novo modelo que compreendia a língua como forma específica de comunicação social. Os linguistas sentiram a necessidade de ir além da abordagem sintático-semântica, compreendendo o texto como a unidade básica de comunicação/interação humana.

Já não se trata de pesquisar a língua como um sistema autônomo, mas de investigar o seu funcionamento em situações concretas de uso.

Essa virada pragmática concentra-se no estudo e na descrição dos *"atos de fala"*, entendidos como ações dos usuários da língua, em situações concretas de interação, interlocução que se realizam por meio da linguagem.

A linguagem passou a ser concebida como uma atividade intencional e social, visando a determinados fins. É o que explica Ingedore Villaça Koch[74]:

> "**Teoria dos Atos de Fala**: *nasceu no interior da Filosofia Analítica de Oxford, depois foi apropriada pela Linguística de cunho pragmático. (...) Esses estudiosos postularam que a língua é uma forma de ação dotada de intencionalidade, ou seja, que "**todo dizer é um fazer**", e se dedicaram ao estudo dos tipos de ações que podem ser realizadas através da linguagem, isto é, os atos de fala, atos de linguagem ou atos de discurso".*

Os pragmaticistas chamavam a atenção para a necessidade de se considerar a situação comunicativa para a atribuição de sentido a elementos textuais como os dêiticos e as expressões indiciais de modo geral.

Para explicar essas expressões técnicas, mais uma vez nos socorremos das lições de Koch[75]:

> "**Dêiticos**: *são elementos da língua que têm por função localizar entidades no contexto espaço-temporal, social e discursivo, como por exemplo:*

---

[74] KOCH, Ingedore Grunfeld Villaça; ELIAS, Vanda Maria. *Ler e Compreender os Sentidos do Texto*. São Paulo: Contexto, 2008. Cap. 3.

[75] Idem.

pronomes de 1ª. e 2ª. pessoas (eu, tu, você, vocês, nós, vós); **demonstrativos** *(este, esse, aquele);* **certos advérbios** *de tempo e lugar (aqui, aí, ali, agora, ontem, amanhã) etc. Apontam para* **elementos exteriores** *ao texto e* **mudam de sentido** *conforme o* **contexto** *em que se encontram inseridos, isto é, não possuem um valor semântico em si mesmos, variando a cada nova enunciação".*

*"***Expressões indiciais***: são expressões com valor dêitico, como, por exemplo: mais acima, logo ali, lá adiante, atrás de, entre muitas outras".*

Figuremos uma placa com a palavra "SILÊNCIO". Abandonada na via pública, não teria nenhum significado. Afixada no corredor de um hospital, representaria um pedido, conclamando o visitante a respeitar o doente. Na porta da sala de passe convida o leitor a uma prece.

Uma singela placa, grafada com uma única palavra, pode ser considerada um texto completo. De acordo com o contexto no qual é utilizada, muda completamente o seu sentido.

Essa é a preciosa constatação da Pragmática. O uso concreto da linguagem, no processo de interação, de interlocução, comanda o sentido, pois *"todo dizer é um fazer"*.

Essa sensibilidade ao contexto da comunicação pode ser observada no Espírito Emmanuel[76], quando diz:

---

76 XAVIER, Francisco Cândido. *Caminho, Verdade e Vida*, pelo Espírito Emmanuel. 20. ed. Rio de Janeiro: FEB, 2001. Prefácio, p. 14.

*"Muitos amigos estranhar-nos-ão talvez a atitude, isolando versículos e conferindo-lhes cor independente do capítulo evangélico a que pertencem. Em certas passagens, extraímos daí somente frases pequeninas, proporcionando-lhes fisionomia especial e, em determinadas circunstâncias, as nossas considerações desvaliosas **parecem** contrariar as disposições do capítulo em que se inspiram".*

As considerações parecem contrariar o contexto, mas a sutileza desse grande intérprete do Evangelho nos convida a contemplar novos horizontes.

A simples incorporação dos interlocutores e dos seus processos de interação ainda não era suficiente para explicar esse complexo fenômeno chamado contexto.

Ao interagirem, cada interlocutor já traz consigo sua bagagem cognitiva, que representa em si mesma um contexto à parte. A cada instante da interação, esse contexto pode ser alterado, ampliado, obrigando os parceiros a ajustar-se a essa nova situação, aos novos contextos.

Conscientes dessa realidade, os linguistas passaram a considerar um novo tipo de realidade: o contexto sociocognitivo.

Com a palavra Ingedore Villaça Koch[77]:

---

77 KOCH, Ingedore Grunfeld Villaça; ELIAS, Vanda Maria. *Ler e Compreender os Sentidos do Texto.* São Paulo: Contexto, 2008. Cap. 3.

> "os sujeitos se movem no interior de um tabuleiro social, que tem suas convenções, suas normas de conduta e que lhes impõe condições, estabelece deveres e lhes limita a liberdade. Além disso, toda e qualquer manifestação de linguagem ocorre no **interior de determinada cultura**, cujas tradições, usos e costumes, cujas rotinas devem ser obedecidas e perpetuadas".

Para que duas ou mais pessoas possam compreender-se mutuamente, é necessário que os seus contextos sociocognitivos sejam, pelo menos, parcialmente semelhantes.

Deve haver um compartilhamento de conhecimentos - enciclopédico, sociointeracional, procedural, textual - para que a interação seja bem sucedida. Sendo impossível duas pessoas partilharem exatamente os mesmos conhecimentos, essa partilha pode ser parcial.

Podemos dizer, de modo resumido, que o contexto é um **conjunto de suposições**, baseadas nos saberes dos interlocutores, que devem ser mobilizados para a interpretação segura de um texto.

Na expressão de Koch[78]:

> "O contexto, da forma como é hoje entendido no interior da Linguística Textual, abrange, portanto, não só o co-texto, como a situação de interação

---

78 KOCH, Ingedore Grunfeld Villaça. *Desvendando os Segredos do Texto*. 5. ed. São Paulo: Cortez, 2002. Cap. II.

imediata, a situação mediata (entorno sociopolítico-cultural) e também o contexto sociocognitivo dos interlocutores que, na verdade, subsume os demais. Ele engloba todos os tipos de conhecimentos arquivados na memória dos actantes sociais, que necessitam ser mobilizados por ocasião do intercâmbio verbal".

Essa mesma autora, em outra obra[79], descreve esse conjunto de conhecimentos que são compartilhados e precisam ser mobilizados no processo de interpretação de um texto:

- *o conhecimento **linguístico** propriamente dito;*
- *o conhecimento **enciclopédico**, quer declarativo (conhecimento que recebemos pronto, que é introjetado em nossa memória "por ouvir falar"), quer episódico (conhecimento adquirido através da convivência social e armazenado em "bloco", sobre as diversas situações e eventos da vida cotidiana);*
- *o conhecimento da **situação comunicativa** e de suas "regras" (situacionalidade);*
- *o conhecimento **superestrutural** ou tipológico (gêneros e tipos textuais);*
- *o conhecimento **estilístico** (registros, variedades de língua e sua adequação às situações comunicativas);*
- *o conhecimento de **outros textos** que permeiam nossa cultura (intertextualidade).*

---

[79] KOCH, Ingedore Grunfeld Villaça; ELIAS, Vanda Maria. *Ler e Compreender os Sentidos do Texto.* São Paulo: Contexto, 2008. Cap. 3.

E arremata, no mesmo trecho:

> "Quando adotamos, para entender o texto, a metáfora do **iceberg**, que tem uma pequena superfície à flor da água (**o explícito**) e uma imensa superfície subjacente, que fundamenta a interpretação (**o implícito**), podemos chamar de contexto o iceberg como um todo, ou seja, tudo aquilo que, de alguma forma, contribui para ou determina a construção do sentido".

Estamos diante de outra importante **sensibilidade**, necessária ao estudo do Novo Testamento. Trata-se da convicção de que a linguagem, a interação através de textos, ocorre invariavelmente no interior de determinada cultura.

Nesse sentido, é dever do intérprete responsável transportar o leitor ao cenário no qual Jesus viveu, agiu e ensinou, a fim de que escute suas palavras, seus ensinamentos como se fosse um morador daquela região. Ouvir a voz do Mestre Galileu em toda a sua originalidade, vigor, riqueza cultural, para compartilhar com ele a pureza genuína dos sentimentos espirituais superiores.

Esse deve ser um esforço que se concentra na recuperação do sentido original das palavras, expressões idiomáticas, referências e inferências do texto. Trata-se de uma espécie de "arqueologia linguística e cultural" que busca resgatar a multiplicidade de dados que conformaram o ambiente no qual nasceram os livros que compõem o Novo Testamento.

É indiscutível que esses livros podem ser lidos a partir da nossa experiência atual, levando-se em conta vinte séculos de tradição religiosa. Nessa perspectiva, a história da interpretação desses livros assume papel preponderante, descortinando as inúmeras abordagens e conteúdos que se sobrepuseram ao texto.

Todavia, é primordial percorrer caminho diverso. Imitando o arqueólogo, cuidadosamente e pacientemente, devemos retirar as dezenas de camadas que se sobrepuseram ao texto do Novo Testamento, ao longo de vinte séculos de interpretação, para contemplá-lo o mais de perto possível.

Adotando essa perspectiva nova a respeito de texto e contexto, a todo momento somos forçados a responder, pelo menos, duas questões: Como esse texto seria lido por um habitante da Galileia, da Judeia, das regiões banhadas pelo Mediterrâneo, no primeiro século da nossa era? Quais referências e inferências o texto despertaria no ouvinte daquela época e região, considerando-se o ambiente linguístico, cultural, religioso, político e econômico da época?

Figuremos um exemplo singelo: O verbo grego "bapto" (mergulhar, imergir, lavar), pelos processos de derivação das palavras, é responsável pela formação do substantivo "baptismo" (mergulho, imersão, o ato de lavar). Ao se traduzir esse substantivo por batismo, é impossível que o leitor moderno não associe o vocábulo aos temas teológicos ligados ao sacramento do batismo.

No entanto, urge reconhecer que essas teologias não existiam ao tempo em que os livros do Novo Testamento foram redigidos, ou melhor, não existiam nem mesmo igrejas nos moldes das atuais. Não possuímos sequer registros seguros de que os judeus, sistemática e institucionalmente, utilizavam a imersão em água como ritual para conversão de prosélitos.

Nesse caso, é preciso escavar, aprofundar para recuperar o frescor original do termo, possibilitando ao leitor moderno o acesso a essa prática do Cristianismo nascente sem as camadas interpretativas que se formaram ao longo dos séculos.

Esse fenômeno não se dá exclusivamente com textos antigos, como o do Novo Testamento, mas também com textos recentes. Para exemplificar, citamos um fragmento recebido pela internet do amigo Gilmar Trivelato:

> *Pergunta:*
>
> *Alguém sabe me explicar, num português claro e direto, sem figuras de linguagem, o que quer dizer a expressão "no frigir dos ovos"?*
>
> *Resposta:*
>
> *Quando comecei, pensava que escrever sobre comida seria sopa no mel, mamão com açúcar. Só que depois de um certo tempo dá crepe, você percebe que comeu gato por lebre e acaba ficando com uma batata quente nas mãos. Como rapadura é doce mas não é mole, nem sempre você tem ideias e pra descascar esse abacaxi só metendo a mão na massa.*

E não adianta chorar as pitangas ou, simplesmente, mandar tudo às favas. Já que é pelo estômago que se conquista o leitor, o negócio é ir comendo o mingau pelas beiradas, cozinhando em banho-maria, porque é de grão em grão que a galinha enche o papo.

Contudo é preciso tomar cuidado para não azedar, passar do ponto, encher linguiça demais. Além disso, deve-se ter consciência de que é necessário comer o pão que o diabo amassou para vender o seu peixe. Afinal não se faz uma boa omelete sem antes quebrar os ovos. Há quem pense que escrever é como tirar doce da boca de criança e vai com muita sede ao pote. Mas como o apressado come cru, essa gente acaba falando muita abobrinha, são escritores de meia tigela, trocam alhos por bugalhos e confundem Carolina de Sá Leitão com caçarolinha de assar leitão. Há também aqueles que são arroz de festa, com a faca e o queijo nas mãos, eles se perdem em devaneios (piram na batatinha, viajam na maionese... etc.). Achando que beleza não põe mesa, pisam no tomate, enfiam o pé na jaca, e no fim quem paga o pato é o leitor que sai com cara de quem comeu e não gostou. O importante é não cuspir no prato em que se come, pois quem lê não é tudo farinha do mesmo saco. Diversificar é a melhor receita para engrossar o caldo e oferecer um texto de se comer com os olhos, literalmente. Por outro lado se você tiver os olhos maiores que a barriga o negócio desanda e vira um verdadeiro angu de caroço. Aí, não adianta chorar sobre o leite derramado porque ninguém vai colocar uma azeitona na sua empadinha, não. O pepino é só seu, e o máximo que você vai ganhar é uma banana, *afinal pimenta nos olhos dos outros é refresco... A carne é fraca, eu sei. Às vezes dá vontade de largar tudo e ir plantar batatas. Mas quem não arrisca não petisca, e depois quando se junta a fome com a vontade de comer as coisas mudam da água pro vinho. Se embananar, de vez em quando, é normal, o importante é não desistir mesmo quando o caldo entornar. Puxe a brasa pra sua sardinha, que **no frigir dos ovos** a conversa chega na cozinha e fica de se comer rezando. Daí, com água na boca, é só saborear, porque o que não mata engorda.*

Entendeu o que significa "no frigir dos ovos"?

Acredito que alguém, daqui há uns quarenta anos, terá enorme dificuldade em entender esse texto.

INTERTEXTUALIDADE

Poderíamos nos perguntar: Quantas vezes, ao escrever um texto, recorremos a outro(s) texto(s)? Basta o leitor folhear este livro para constatar que, propositalmente, ele assumiu a forma de uma colcha de retalhos. Avançando na reflexão, podemos fazer outra pergunta, mais sutil: Quantas vezes, ao buscar o(s) sentido(s) de um texto, necessitamos considerar outros textos?

No dizer de Ingedore Villaça Koch[80]:

> *"(...) podemos depreender que, **stricto sensu**, a intertextualidade ocorre quando, em um texto, está inserido outro texto (intertexto) anteriormente produzido, que faz parte da memória social de uma coletividade. Como vemos, a intertextualidade é elemento constituinte e constitutivo do processo de **escrita/leitura** e compreende as diversas maneiras pelas quais a produção/recepção de um dado texto*

---

80 KOCH, Ingedore Grunfeld Villaça; ELIAS, Vanda Maria. *Ler e Compreender os Sentidos do Texto*. São Paulo: Contexto, 2008. Cap. 4.

depende de conhecimentos de outros textos por parte dos interlocutores, ou seja, dos diversos tipos de relações que um texto mantém com outros textos".

A intertextualidade explícita ocorre quando o autor cita expressamente suas referências, ao passo que na intertextualidade implícita, por não ocorrer a citação de forma expressa, o interlocutor necessita recuperá-la na sua memória, a fim de construir o sentido.

Por esta razão nos adverte Koch[81]:

*"**Em sentido amplo, a intertextualidade** se faz presente em todo e qualquer texto, como componente decisivo de suas condições de produção. Isto é, ela é condição mesma da existência de textos, já que há sempre um já-dito, prévio a todo dizer. Segundo J. Kristeva, criadora do termo, todo texto é um mosaico de citações, de outros dizeres que o antecederam e lhe deram origem".*

A intertextualidade não é opcional, é da própria natureza da linguagem, da sociointeração comunicativa, pois somos herdeiros da cultura humana, de modo geral, e da nossa cultura étnica, em especial.

É por essa razão que o conhecimento dos textos da *Bíblia Hebraica*, do material relativo à tradição do

---

[81] KOCH, Ingedore Grunfeld Villaça; ELIAS, Vanda Maria. *Ler e Compreender os Sentidos do Texto*. São Paulo: Contexto, 2008. Cap. 4.

povo hebreu, da literatura greco-romana, além dos documentos do Oriente Próximo se tornam relevantes para o estudo do *Novo Testamento*.

À guisa de exemplo, mencionaremos brevemente um dos casos expostos na excelente obra de Michel Remaud[82]. Nos Evangelhos, encontramos a passagem acerca da entrada de Jesus em Jerusalém (Mt 21:1-11; Mc 11: 1-11; Lc 19:28-40; João 12:12-19), que nos chama a atenção para o pitoresco pedido do Mestre aos discípulos:

> *"(...) Jesus enviou dois discípulos, dizendo-lhes: Ide à aldeia, defronte de vós, e logo encontrareis uma jumenta amarrada e um filhote com ela. Após soltar, conduzi-os a mim. E se alguém vos disser algo, direis que o Senhor tem necessidade deles"* (Mt 21:1-2).

Na sequência desse relato, Jesus entra na cidade montado sobre o jumentinho. Para entender o caráter literário dos Evangelhos e o fenômeno da intertextualidade, é preciso mencionar três textos da *Bíblia Hebraica*, um deles citado expressamente (intertextualidade explícita):

> *"Levantarei para eles um profeta, do meio de seus irmãos, como tu, e porei as minhas palavras na sua boca e ele lhes falará tudo o que eu lhe ordenar".* (Dt 18:18)

---

82 REMAUD, Michel. *Evangelho e Tradição Rabínica*. São Paulo: Loyola, 2007.

> *"Tomou, pois, Moisés a sua mulher e os seus filhos; fê-los montar no jumento"*. (Ex 4:20)
>
> *"Alegra-te muito, ó filha de Sião; exulta, ó filha de Jerusalém: aí vem o teu Rei, justo e salvador, humilde, montado em jumento, num jumentinho, cria de jumenta"*. (Zc 9:9)

A tradição do povo hebreu sempre interpretou o primeiro texto (Dt 18:18) como promessa da vinda do Messias de Israel.

Moisés era conhecido como "salvador, redentor de Israel", em razão da libertação do povo da escravidão do Egito. O Messias, por sua vez, era conhecido como o "último redentor, salvador", em função da obra libertadora que deveria realizar na sua vinda.

Havia uma associação estreita entre essas duas imponentes figuras. A tradição não se cansava de buscar paralelos entre eles, como nos demonstra Michel Remaud[83]:

> *"Dentre todos os animais, o jumento é o único cujo primogênito é objeto de resgate: "Todo o primogênito da jumenta, tu o resgatarás como um cordeiro"* (Ex 13:13). *A Mekhilta de Rabi Ishmael explica esse privilégio pelo papel que tiveram os jumentos quando da saída do Egito (...)"*.
>
> *"Companheiro inseparável do salvador de Israel, o jumento já se encontrava perto de Moisés quando*

---

[83] REMAUD, Michel. *Evangelho e Tradição Rabínica*. São Paulo: Loyola, 2007. Cap. III.

este último desceu ao Egito para aí cumprir sua missão. O livro do Êxodo observa que: "Moisés tomou a mulher e os filhos; fê-los montar no jumento e voltou à terra do Egito" (Ex 4:20). "No jumento", e não num jumento. Como observa Rachi em um comentário sobre esse versículo, a presença do artigo definido faz entender que se trata de um jumento bem determinado e não de um burrico qualquer. Esse jumento, prossegue Rachi, não é outro senão "aquele que Abraão encilhara para ir amarrar Isaac, e é aquele sobre o qual o Messias se revelará, como foi dito: "Humilde e montado sobre um jumento" (Zc 9:9)".

"O tom pitoresco não deve mascarar o significado teológico dessa identificação do jumento do Messias com o de Abraão: destinado desde a criação do mundo a carregar o rei de Israel, esse jumento é um sinal vivo da continuidade e, portanto, da unidade do plano divino".

Essa advertência de Remaud é fundamental: a tradição do povo hebreu prefere falar da continuidade e unidade do plano divino mediante linguagem figurada, na forma de belíssima literatura.

Falando em tradição, não poderíamos deixar de mencionar importante texto da literatura hebraica sobre o assunto. Trata-se do livro *Pirqé*, de Rabi Eliezer:

"Abraão levantou-se bem cedo, tomou consigo Ismael, Eliezer e Isaac, seu filho, e encilhou seu jumento. Era esse jumento o filho da jumenta que havia sido criada no crepúsculo, como foi dito:

> "Abraão levantou-se bem cedo e encilhou o jumento" (Gn 22:3). É o jumento que Moisés usou quando foi para o Egito, como foi dito: "Moisés tomou a mulher e os filhos (...)" (Ex 4:20), e é o jumento que montará o filho de Davi, como foi dito: "Estremece de alegria, filha de Sião! Prorrompe em aclamação, filha de Jerusalém! Eis que o teu rei vem ao teu encontro, humilde, montado num jumento - sobre um jumentinho bem novo, filhote de uma jumenta" (Zc 9:0)".

Todavia, infelizmente, muitos se aproximam dos textos bíblicos sem haverem desenvolvido a imprescindível **sensibilidade** literária.

Para os que apreciam os encantos e a poesia da linguagem humana, recolhemos esta pérola:

> "Espere a salvação aquele que vê um jumento em sonhos". (*Talmude Babilônia*, e *Tratado Berakhot* 56.b).

Capítulo 5

GÊNEROS LITERÁRIOS

COMPOSIÇÃO, CONTEÚDO E ESTILO

O que nos torna capazes de distinguir e utilizar os diferentes tipos de texto disponíveis em nossa cultura, tais como: novela, romance, história em quadrinhos, tirinha, piada, charge, poesia, conto, crônica, fábula, anúncio de jornal, bula de remédio, artigo científico?

Os gêneros literários existem em grande quantidade, pois representam práticas sociocomunicativas. São dinâmicos e variáveis, podendo ser adaptados a diferentes contextos de interação social.

Basta pensar no "e-mail", no "blog" e no "twitter", apenas para citar gêneros atuais utilizados na internet.

Por essa razão, os linguistas afirmam que todos os nossos enunciados se baseiam em formas-padrão, relativamente estáveis, utilizadas na estruturação de um todo. Essas formas são chamadas de gêneros.

Michael Bakhtin[84] afirma:

> *"Todas as esferas da atividade humana, por mais variadas que sejam, estão relacionadas com a utilização da língua. Não é de surpreender que o caráter e os modos dessa utilização sejam tão variados como as próprias esferas da atividade humana (...). O enunciado reflete as condições específicas e as finalidades de cada uma dessas esferas, não só por seu conteúdo temático e por seu estilo verbal, ou seja, pela seleção operada nos recursos da língua - recursos lexicais, fraseológicos e gramaticais - mas também, e sobretudo, por sua construção composicional".*

Não se deve confundir a noção de gênero com a de tipo de texto (narrativo, descritivo, expositivo, injuntivo, argumentativo).

Ao fornecerem parâmetros relevantes da interação comunicativa e do contexto social, os gêneros podem ser vistos como *modelos cognitivos de contexto*. Eles definem a relevância de cada discurso nos vários contextos, a atenção que lhe deve ser dada e o modo como a informação deve ser processada.

Dito de outro modo, nossa expectativa e atitude ao ler uma reportagem é completamente diferente daquela exigida para a leitura de uma anedota, a menos que o repórter tenha a intenção de produzir um texto bastante irônico e debochado.

---

84 BAKHTIN, Michael. *Estética da Criação Verbal*. São Paulo: Martins Fontes, 1992. p. 179.

O gênero pode ser caracterizado por três aspectos: forma de composição, conteúdo temático e estilo.

No tocante à forma de composição, deve ser examinada a forma de organização, a distribuição das informações e a existência de elementos não verbais (cor, padrão gráfico, diagramação, ilustrações).

O produtor do texto dispõe, em qualquer idioma, de inúmeros gêneros para expressar o conteúdo pretendido, todavia alguns gêneros são mais adequados à veiculação de determinados conteúdos. Não se remete um currículo profissional no formato de um e-mail, da mesma forma que não se escreve uma bula de remédio em forma de poesia.

Assim, podemos constatar que determinados gêneros são mais adequados a certos tipos de conteúdo, o que explica a enorme variedade dos gêneros textuais.

Por sua vez, todo e qualquer gênero possui um estilo próprio; em alguns deles há mais amplas possibilidades de exercício da criatividade pessoal (gêneros literários), em outros (documentos oficiais, notas fiscais, bulas) essa liberdade é drasticamente reduzida.

Estamos diante de outra importante **sensibilidade** exigida na leitura dos textos bíblicos. A capacidade de distinguir os diferentes gêneros literários utilizados pelos autores bíblicos.

RELEVÂNCIA DOS GÊNEROS NA INTERPRETAÇÃO BÍBLICA

Cássio Murilo Dias[85] faz interessante observação a respeito do estudo dos gêneros literários da Bíblia:

> *"Falar em "gênero literário" exige que se façam algumas observações prévias. Em primeiro lugar, o termo "gênero literário" corre o risco de fazer esquecer que boa parte do material bíblico surgiu como tradição oral, isto é, antes de se tornarem textos, relatos e ensinamentos eram transmitidos de boca em boca, não só como atividade lúdica e estética, mas também como forma de se transmitir cultura, orientações éticas e conteúdos de fé. Por isso, embora o estudo dos gêneros literários baseie-se no material escrito, não se pode apagar o estágio anterior ao processo de transcrição".*

---

85 SILVA, Cássio Murilo Dias da. *Leia a Bíblia como Literatura*. São Paulo: Loyola, 2007. Cap. 4.

"Segundo, embora boa parte dos "gêneros literários" tenha esquemas relativamente fixos, esta não é uma regra universal. Há textos que possuem um estilo ou uma índole comum, mas não seguem o mesmo modelo. Com efeito, também esta é uma herança do período da transmissão oral".

"Terceiro, o gênero literário "puro" existe só na abstração. Toda vez que um modelo é empregado, ele sofre influências do contexto e apresenta alterações, seja em sua forma, seja na sua finalidade. Há também textos híbridos, isto é, uma mesma perícope pode ser formada pela justaposição de dois gêneros literários distintos".

"Quarto, cumpre observar que os mesmos gêneros literários são utilizados tanto no Antigo como no Novo Testamento".

Estas observações estão em absoluta harmonia com o que nos advertem os linguistas que estudam os gêneros textuais, conforme vimos no início deste capítulo.

Antes de responder à pergunta: A qual gênero pertence essa passagem bíblica? devemos delimitar o texto, ou seja, estabelecer em qual versículo ele começa e em qual ele termina.

Lembrando que os manuscritos da Bíblia Hebraica e do Novo Testamento não contêm divisões em capítulos, passagens, versículos, orações, frases, palavras. Não existem sinais de pontuação, nem separação entre os termos. Uma letra é colocada ao lado da outra, sem separação, do início do livro até o seu final.

As divisões encontradas nas traduções somente foram introduzidas no texto bíblico no século XV, e nem sempre são confiáveis.

Desse modo, delimitar o texto significa estabelecer seu início e seu fim com base em alguns critérios: indicação de tempo (Mc 16:1; Mt 2:1), de espaço (Mc 1:16), novos personagens (Mc 7:1), novas ações (At 16:16), mudança de estilo (Lc 3:23), introdução ao discurso (Lc 15:3), entre outras.

O texto delimitado recebe o nome de perícope.

O segundo passo consiste na segmentação do texto, ou seja, subdividi-lo em linhas, como se fossem versos de uma poesia. Cada linha deve conter, tanto quanto possível, uma ideia completa.

Uma vez delimitado e segmentado, estuda-se a forma do texto, sua organização, sua estrutura, também conhecida como análise da estrutura literária.

Percorrido esse trajeto, tendo em mãos o texto delimitado, segmentado e estruturado, inicia-se o processo de investigação do seu gênero literário, mediante a comparação com outros textos, que também sofreram a mesma análise.

Lembrando, porém, do que diz Cássio Murilo Dias[86]:

---

86 SILVA, Cássio Murilo Dias da. *Leia a Bíblia como Literatura*. São Paulo: Loyola, 2007. Cap. 4.

> *"Vários gêneros literários presentes na Bíblia são encontrados também na literatura judaica e cristã extrabíblica (apócrifos, comentários rabínicos) e até em textos das culturas circundantes (Assíria, Babilônia, Ugarit, Grécia, Roma, etc). Por isso, um estudo aprofundado dos gêneros literários implica também uma comparação com textos não pertencentes ao cânon bíblico".*

Esse estudo é fascinante e revelador, mas foge ao escopo do nosso trabalho.

Para exemplificar o estudo dos gêneros literários nos Evangelhos, examinaremos os relatos de milagre, vocação e não-vocação, controvérsia, e encontro no poço, pelo qual iniciaremos.

No relato denominado "encontro junto ao poço", como nos esclarece Cássio Murilo Dias, o redator bíblico procura explicar como os casais de patriarcas se conheceram, além de engrandecer as qualidades de cada um deles.

A narrativa se desenrola em um dos poucos locais em que homens e mulheres, que não fossem parentes, podiam conversar, no antigo Israel. Nesse local de encontro, as mulheres demonstravam sua capacidade de cuidar da casa e do rebanho, ao passo que os homens exibiam sua força de trabalho.

	Gn 24	Gn 29	João 4
Homem chega ao Poço	11	2-4	6
Mulher chega para tirar água	15-16	9	7a
Os dois conversam	17-18	8, 11-12a	7b, 9-12
Ele tira a água e oferece a ela e ao rebanho	19-21	10	13-16
Ela volta para casa e relata o encontro	28	12b	28-29
Ele é convidado a visitar a casa dela	31-33	13-14	40
Os dois se casam	67	15-21, 28	41-42

Cássio Murilo Dias[87] interpreta o referido esquema, com muita propriedade:

> *"As diferenças na aplicação do esquema básico estão em função do que é específico em cada texto. Em Gn 24, em lugar de o homem tirar a água, é a mulher que o faz. Talvez isso aconteça porque o homem que chega ao poço é somente o representante do futuro noivo. Em Gn 29, antes de Raquel chegar, já estão lá os pastores e é com eles que Jacó conversa em primeiro lugar. Só depois chega Raquel. Essa demora na chegada de Raquel antecipa a grande variação neste caso concreto, isto é, a inversão do casamento: na noite de núpcias, Labão engana Jacó e o obriga a se casar com Léa antes de se casar com Raquel. O episódio narrado em Jo 4 é fortemente simbólico: a mulher é figura da Samaria, antiga capital do reino*

---

87 SILVA, Cássio Murilo Dias da. *Leia a Bíblia como Literatura*. São Paulo: Loyola, 2007. Cap. 4.

do norte; os cinco maridos não são seres humanos do sexo masculino, mas, sim, cinco divindades cultuadas pelos povos que foram transplantados para a Samaria durante a dominação assíria (cf. 2Rs 17:29-31). Em outras palavras, Jo 4 usa o gênero do encontro junto ao poço para descrever a acolhida do evangelho pelos samaritanos, isto é, como Samaria "se casou" com Jesus".

Os relatos de milagre, tais como curas (Mc 1:29-31, 3:1-6), desobsessões (Mc 1:23-27, 5:1-20), ressuscitações (Mc 5:21-24, 5:35-43), consoante o mesmo autor, seguem o seguinte esquema, via de regra:

Descrição do ambiente e do encontro
O problema e os esforços para superá-lo
A súplica
A intervenção de Jesus
O efeito da ação do Mestre
A reação dos presentes

Nos relatos de Vocação e não-Vocação há descrições de comportamentos daqueles que foram chamados a serem discípulos, a assumir um compromisso intenso e duradouro. O leitor é convidado a repetir o comportamento dos vocacionados e evitar a conduta daqueles que não puderam ou não quiseram seguir o Mestre.

Os relatos de Vocação (1Rs 19:19-21; Mc 1:16-18, 19-20), segundo Cássio Murilo, seguem o seguinte esquema, de forma rigorosa:

O Mestre passa
O Mestre vê
Nome do vocacionado
Relações de parentesco do vocacionado
Descrição do trabalho do vocacionado
Palavra imperativa ou gesto simbólico de chamamento
Objeção do vocacionado (ausente em alguns casos)
Resposta do Mestre (ausente em alguns casos)
Despojamento do vocacionado
Ato de seguir

Por sua vez, os relatos de não-Vocação (Mt 8:18-22; Lc 9:57-62; Mc 10:17-22) obedecem ao seguinte formato:

Ausência do nome do não-vocacionado
Falta do chamamento/a própria pessoa se oferece
Jesus apresenta pré-requisitos (ausente em alguns casos)
Insistência do não-vocacionado (ausente em alguns casos)
Jesus exige grande despojamento
Não-vocacionado desiste

Por fim, o Relato de Controvérsia (Mc 11:27-33, 12:13-17). Esse gênero nos interessa mais de perto nesta obra por ser aquele utilizado pelo evangelista Lucas na redação da Parábola do Bom Samaritano.

Nesse esquema, o interlocutor apresenta perguntas ardilosas para desacreditar o Mestre perante os seus discípulos e perante a multidão.

Normalmente segue o presente esquema, com pequenas variações e acréscimos:

Pergunta do interlocutor ardiloso
Contrapergunta de Jesus
Resposta ou silêncio do interlocutor
Tréplica ou silêncio de Jesus

Muitos ensinos de Jesus e narrativas dos evangelistas parecem seguir a tradição poética do povo hebreu. Nesse particular, é importante registrar que a poesia hebraica bíblica, embora também apresente rima de palavras e de sons, caracteriza-se por uma técnica literária conhecida pelo nome de *paralelismo*.

O *paralelismo* pode ser definido como a **rima das ideias**, e apresenta variações relativas à sua forma e ao seu conteúdo.

No tocante ao conteúdo, os versos paralelos podem apresentar uma frase inicial e, em seguida, outra frase sinônima, antônima ou sintética. Com relação à forma, destacamos dois tipos: o paralelismo reto e o paralelismo invertido (**quiasmo**).

O paralelismo reto pode ser representado pela figura: a-**b** - a'-**b'**. O referido modelo pode ser visto na composição do Salmo 24:3.

Quem subirá *ao monte de YHWH?*
E quem ficará de pé *no seu lugar santo?*

O Quiasmo (paralelismo invertido) apresenta o formato de um X: a-**b** - **b'**-a'. Pode ser exemplificado pelo Salmo 107:16.

Pois
ele quebrou ***portas de bronze***
e trancas de ferro *despedaçou*

A educação do olhar, adestrando-o para ver aspectos literários da forma e do conteúdo do texto dos Evangelhos constitui importante **sensibilidade** a ser desenvolvida pelo leitor. Estas páginas representam singelo convite.

Capítulo 6

PARÁBOLAS

CONCEITO JUDAICO DE TORAH ORAL E ESCRITA

O vocábulo hebraico *"torah"* (substantivo feminino) deriva do verbo *"yarah"* (indicar uma direção, ensinar, instruir), portanto, significa *direção, instrução, ensinamento, revelação* (ensinamento dado por Deus).

É crença fundamental do povo hebreu que a Torah foi revelada no Monte Sinai pelo Todo-Poderoso ao Profeta Moisés, incumbido de transmitir a todo o povo o seu conteúdo.

Segundo a tradição dos fariseus a Torah recebida por Moisés no Sinai era constituída por duas partes: a primeira delas, denominada *"Torah Shebichtav"* (*Torah Escrita*), era composta pelos cinco livros mosaicos (Gênesis, Êxodo, Números, Levítico e Deuteronômio), complementada pelo ensinamento dos Profetas (Isaías, Jeremias, Elias, entre outros) e dos Escritos (demais livros da *Bíblia Hebraica*). A segunda parte, denominada *"Torah Shebealpe"* (*Torah Oral*), compunha-se dos ensinamentos, orientações, instruções, bem como explicações e interpretações da parte escrita, transmitidas oralmente por Deus ao seu Profeta.

Tudo o que era transmitido oralmente deveria ser repetido e repassado incontáveis vezes, assegurando-se a fixação definitiva na memória. Assim, toda essa tradição oral deveria ser transmitida pelos Mestres aos alunos, de geração em geração. Esta prática recebeu o nome de "*Mishná*".

É o que encontramos no *Talmud da Babilônia*, ordem Nezikin, tratado "Avot 1a":

> "*Moisés recebeu a Torah do Sinai, transmitiu-a a Josué, Josué aos anciãos, os anciãos aos profetas, e os profetas a transmitiram aos homens da Grande Assembleia*".

Nos Evangelhos encontramos inúmeras referências à tradição oral do povo hebreu (Mt 15: 3,6,13; Mc 7: 3-5,8-9), mas merece destaque a advertência de Jesus:

> "*Os escribas e fariseus sentaram-se na cadeira de Moisés. Portanto, tudo quanto vos disserem fazei e observai, mas não façais de acordo com suas obras, pois eles dizem e não fazem*" (Mt 23:2).

Texto belíssimo no qual o Mestre reconhece a importância da tradição oral, mas recomenda que avaliemos os instrutores pelas suas obras, nunca apenas por suas aparências, cargos e encargos na Sociedade, discursos e argumentações. Afinal, reconhece-se a árvore pelo seu fruto.

Abordamos este assunto no presente capítulo por duas razões. Primeiramente para reforçar a ideia de que o texto é apenas a fina superfície, sob a qual existe o contexto (uma gama de implícitos, referências, pressupostos). Vale repetir a transcrição da lição de Ingedore Villaça Koch[88]:

> *"Quando adotamos, para entender o texto, a metáfora do **iceberg**, que tem uma pequena superfície à flor da água (**o explícito**) e uma imensa superfície subjacente, que fundamenta a interpretação (**o implícito**), podemos chamar de contexto o iceberg como um todo, ou seja, tudo aquilo que, de alguma forma, contribui para ou determina a construção do sentido".*

Em segundo lugar, para destacar a existência de um processo de continuidade entre as revelações, Jesus fez questão de afirmar:

> *"Não penseis que vim destruir a Lei ou os Profetas, não vim destruir mas cumprir" (Mt 5:17).*

---

[88] KOCH, Ingedore Grunfeld Villaça; ELIAS, Vanda Maria. *Ler e Compreender os Sentidos do Texto*. São Paulo: Contexto, 2008. Cap. 3.

Ao adentrar na Sinagoga de Nazaré e tomar em suas mãos o rolo do Profeta Isaías, o Mestre pronunciou as comoventes palavras, que ecoam em nossos ouvidos até hoje:

> *"Dirigiu-se a Nazaré, onde fora criado, e entrou na sinagoga, num dia de sábado, segundo seu costume; e levantou-se para ler. Foi dado a ele o livro do Profeta Isaías; ao abrir o livro, encontrou o lugar onde estava escrito: "O espírito do Senhor {está} sobre mim, por causa disto me ungiu para evangelizar aos pobres; enviando-me para proclamar libertação aos cativos recuperação da visão aos cegos; para pôr em liberdade os oprimidos e proclamar um ano aprovado {por parte} do Senhor". Depois de enrolar o livro e devolvê-lo ao servidor, sentou-se. Todos os olhos na sinagoga estavam fixos nele. Começou a dizer para eles (que): Hoje se cumpriu esta escritura em vossos ouvidos"* (Lc 4:16-21).

Por esta razão o benfeitor Emmanuel[89] afirma peremptório:

> *"A previsão e a predição, nos livros sagrados, dão a entender que os profetas eram diretamente inspirados pelo Cristo? - Nos textos sagrados das fontes divinas do Cristianismo, as previsões e predições se efetuaram sob a **ação direta do Senhor**, pois só ele*

---

89 XAVIER, Francisco Cândido. *O Consolador*, pelo Espírito Emmanuel. 24. ed. Rio de Janeiro: FEB, 2003. Questões 276 e 262.

> *poderia conhecer bastante os corações, as fraquezas e as necessidades dos seus rebeldes tutelados, para sondar com precisão as estradas do futuro, sob a misericórdia e a sabedoria de Deus".*
>
> *"Por que razão a palavra das profecias parece dirigida invariavelmente ao povo de Israel? - Em todos os textos das profecias, Israel deve ser considerada como o símbolo de toda a humanidade terrestre, sob a égide sacrossanta do Cristo".*

Na qualidade de governador espiritual do orbe, guia e modelo da Humanidade, o próprio Cristo acompanhou e supervisionou diretamente o trabalho dos profetas hebreus.

Considerando que, no pensamento hebreu, os nomes geográficos são usados, frequentemente, para designar conceitos, antiga tradição interpreta a frase *"Moisés recebeu a Torah do Sinai"* (*T. Bab, Avot 1a*) como expressão de que o Todo-Poderoso se revelou no monte Sinai.

Segundo essa tradição oral, ao utilizar o termo *"do Sinai"* (*meSinai*), ao invés de *"no Sinai"* (*beSinai*), a intenção era ensinar ao povo que a Torah era infinita e inesgotável, em sua forma original e divina, em decorrência da presença e manifestação do próprio Deus naquele local.

Moisés recebeu a Torah do Sinai somente até onde sua humanidade finita era capaz de recolher. A palavra *"do"* indica uma limitação: ele não poderia retirar tudo o que lá havia.

O Espírito Emmanuel[90] expressa essa mesma ideia, sem utilizar linguagem figurada:

> *"Moisés transmitiu ao mundo a lei definitiva? - O profeta de Israel deu à Terra as bases da Lei divina e imutável, mas não toda a Lei, integral e definitiva. Aliás, somos obrigados a reconhecer que os homens receberão sempre as revelações divinas de conformidade com a sua posição evolutiva. Até agora, a Humanidade da era cristã recebeu a grande Revelação em três aspectos essenciais: Moisés trouxe a missão da Justiça; o Evangelho, a revelação insuperável do Amor, e o Espiritismo em sua feição de Cristianismo redivivo, traz, por sua vez, a sublime tarefa da Verdade. No centro das três revelações encontra-se Jesus Cristo, como o fundamento de toda a luz e de toda a sabedoria. É que, com Amor, a Lei manifestou-se na Terra no seu esplendor máximo; a Justiça e a Verdade nada mais são que os instrumentos divinos de sua exteriorização, com aquele Cordeiro de Deus, alma da redenção de toda a Humanidade. A justiça, portanto, lhe aplainou os caminhos, e a Verdade, conseguintemente, esclarece os seus divinos ensinamentos. Eis por que, com o Espiritismo simbolizando a Terceira Revelação da Lei, o homem terreno se prepara, aguardando as sublimadas realizações do seu futuro espiritual, nos milênios porvindouros".*

---

90 XAVIER, Francisco Cândido. *O Consolador*, pelo Espírito Emmanuel. 24. ed. Rio de Janeiro: FEB, 2003. Questão 271.

É o que se encontra na Parábola do Fermento:

> *"O Reino dos céus é semelhante ao fermento que uma mulher tomou e escondeu em três satas de farinha, até estar toda fermentada (a massa)".* (Mt 13:33; Lc 13:20).

A questão é tão importante que o próprio Codificador fez questão de deixar claro os laços que unem as três revelações, abordando o assunto no primeiro capítulo da sua magistral obra *"O Evangelho segundo o Espiritismo"*[91]:

> *"A lei do Antigo Testamento está personificada em Moisés; a do Novo Testamento está personificada no Cristo. O Espiritismo é a terceira revelação da lei de Deus, mas não tem a personificá-la nenhuma individualidade, porque é fruto do ensino dado, não por um homem, mas pelos Espíritos, que são as vozes do Céu, em todos os pontos da Terra, e por uma multidão inumerável de intermediários. É, de certa maneira, um ser coletivo, formado pelo conjunto dos seres do mundo espiritual, cada um dos quais traz aos homens o tributo de suas luzes, para lhes tornar conhecido esse mundo e a sorte que os espera".*

---

91 KARDEC, Allan. *O Evangelho segundo o Espiritismo*. 1. ed. Rio de Janeiro: FEB, 2008. Cap. 1, Itens 6 e 7.

> "Assim como o Cristo disse: "Não vim destruir a lei, mas cumpri-la", o Espiritismo diz igualmente: "Não venho destruir a lei cristã, mas dar-lhe cumprimento".

É preciso considerar, todavia, que essa continuidade entre as revelações somente foi possível graças ao sacrifício, devotamento e exemplificação de incontáveis Espíritos.

As lutas acerbas, os sofrimentos incontáveis, o exemplo de fé e retidão foram traços de luz por eles deixados durante a peregrinação na carne. À semelhança da uva que se transforma em vinho após lento e gradativo processo de maceração e fermentação, suas vidas exalaram o sabor e o perfume da nobreza espiritual.

O registro escrito da exemplificação desses obreiros da vida eterna constitui pálido retrato da *Torah*, do ensino, do exemplo de que eram portadores.

Não é por outra razão que a plêiade do Espírito Verdade sugeriu a Allan Kardec[92]:

> *"Porás no cabeçalho do livro a cepa que te desenhamos, porque é o emblema do trabalho do Criador. Aí se acham reunidos todos os princípios materiais que melhor podem representar o corpo e o espírito. O corpo é a cepa; o espírito é a seiva; a alma ou espírito ligado à matéria é o bago. O homem*

---

92 KARDEC, Allan. *O Livro dos Espíritos*. 1. ed. Rio de Janeiro: FEB, 2006. Prolegômenos.

quintessencia o espírito pelo trabalho e tu sabes que é somente pelo trabalho do corpo que o espírito adquire conhecimentos".

É surpreendente constatar que na tradição do povo hebreu o vinho é também um símbolo da *Torah*. Resumindo de modo magistral a questão da continuidade da Revelação da Lei Divina, um Espírito israelita[93], na primeira manifestação espiritual registrada no *Evangelho segundo o Espiritismo*, conclui:

> *"Deus é único e Moisés é o Espírito que ele enviou em missão para torná-lo conhecido não só dos hebreus, como também dos povos pagãos. O povo hebreu foi o instrumento de que Deus se serviu para se revelar por Moisés e pelos Profetas e as vicissitudes por que passou esse povo destinavam-se a impressionar os olhos dos homens e a fazer cair o véu que lhes ocultava a Divindade".*
>
> *"Os mandamentos de Deus, dados por intermédio de Moisés, contém o gérmen da mais ampla moral cristã. (...) A moral ensinada por Moisés era apropriada ao estado de adiantamento em que se encontravam os povos que ela se propunha regenerar. (...) A inteligência deles, notável do ponto de vista da matéria e mesmo das artes e das ciências, era muito atrasada em moralidade e não se teria convertido sob o império de uma religião inteiramente espiritual".*

---

[93] KARDEC, Allan. *O Evangelho segundo o Espiritismo*. 1. ed. Rio de Janeiro: FEB, 2008. Cap. I, Item 9.

> "O Cristo foi o iniciador da moral mais pura, da mais sublime: a moral evangélico-cristã, que há de renovar o mundo, aproximar os homens e torná-los irmãos (...) São chegados os tempos em que as ideias morais hão de desenvolver-se, para que se realizem os progressos que estão nos desígnios de Deus. (...) Moisés abriu o caminho; Jesus continuou a obra; o Espiritismo a concluirá".

A Tradição Oral do povo hebreu não podia ser compilada por escrito (*T. Bab. Guitin 60b*) por duas razões básicas: Primeiro, para que os alunos se empenhassem arduamente, por horas a fio, no estudo dos ensinamentos transmitidos pelos seus mestres, a fim de que tudo fosse perfeitamente lembrado e minuciosamente compreendido.

Em segundo lugar, pelo receio de que o registro da *Torah Oral* pudesse induzir as pessoas a considerá-la como parte integrante da *Torah Escrita*, tendo em vista o caráter distinto de ambas.

A Tradição Oral devia ser vista como **fonte**, repositório infindável de esclarecimento, complementação e atualização da parte escrita.

O benfeitor Emmanuel[94], atento às sutilezas do estudo das escrituras, realizou notável síntese:

> "Qual a posição do Velho Testamento no quadro de valores da educação religiosa do homem? -

---

94 XAVIER, Francisco Cândido. *O Consolador*, pelo Espírito Emmanuel. 24. ed. Rio de Janeiro: FEB, 2003. Questões 267 e 282.

> *No quadro de valores da educação religiosa, na civilização cristã, o Velho Testamento, apesar de suas expressões altamente simbólicas, poucas vezes acessíveis ao raciocínio comum, deve ser considerado como a **pedra angular**, ou como a **fonte-máter** da revelação divina.*
>
> *"Se devemos considerar o Velho Testamento como a pedra angular da Revelação Divina, qual a posição do Evangelho de Jesus na educação religiosa dos homens? - O Velho Testamento é o alicerce da Revelação Divina. O Evangelho é o **edifício da redenção das almas**. Como tal, devia ser procurada a lição de Jesus, não mais para qualquer exposição teórica, mas visando cada discípulo o aperfeiçoamento de si mesmo, desdobrando as edificações do Divino Mestre no terreno definitivo do Espírito".*

No Evangelho do Mestre encontramos o sublime roteiro das almas, consubstanciado na seguinte pérola:

> *"Pedi e vos será dado; buscai e encontrareis; batei e será aberto para vós. Pois todo aquele que pede recebe, e aquele que busca encontra, e ao que bate será aberto".* (Mt 7:7-8).

Concluindo nossa reflexão, mais uma vez resume de forma surpreendente o Espírito Emmanuel[95]:

---

95 XAVIER, Francisco Cândido. *Coletânea do Além*, Espíritos Diversos. 3. ed. São Paulo: FEESP, 2001. p. 99, mensagem de Emmanuel.

"(...) O Velho Testamento é a revelação da Lei. O Novo é a revelação do amor. O primeiro consubstancia as elevadas experiências dos homens de Deus que procuravam a visão verdadeira do Pai e de sua Casa de infinitas maravilhas. O segundo representa a mensagem de Deus a todos os que o buscam no caminho do mundo. Com o primeiro, o homem bateu à porta da moradia paternal, perseguido pelas aflições, que lhe flagelavam a alma, atribulado com os problemas torturantes da vida. O Evangelho é a porta que se abriu, para que os filhos amorosos fossem recebidos. (...) No primeiro, é o esforço humano. O Evangelho é a resposta divina. (...) O Profeta é o Operário. Jesus é o Salário na Revelação maior. (...) A Bíblia, desse modo, é o divino encontro dos filhos da Terra com o seu Pai. Suas imagens são profundas e sagradas. De suas palavras, nem uma só se perderá".

HALAKAH E HAGGADAH

O vocábulo hebraico *"halakah"* (**caminho**, proceder) deriva do verbo *"halak"* (ir, caminhar). Na simbologia bíblica, o caminhar designa o comportamento do homem no todo da sua existência (Lv 26:3; Dt 11:22).

De modo amplo, pode ser definido como "aquilo a que se conforma o comportamento de Israel". Pode designar uma norma particular ou o conjunto das normas segundo as quais deve transcorrer a existência judaica.

Utilizando terminologia da área jurídica, podemos afirmar que o conceito de *halakah* é semelhante ao conceito de *"Ordenamento Jurídico"*, nos tempos atuais, entendido como o conjunto de normas que regem a vida das pessoas em determinado espaço geopolítico.

A diferença reside no fato de que a *halakah* abrange todos os aspectos da vida pública e privada do judeu, em especial os relacionados ao aspecto religioso.

A compreensão das intricadas normas desse ordenamento exige uma longa e metódica formação do estudioso, antes que se torne um "mestre da Lei".

Por sua vez, o termo *haggadah* (narrativa oral), provavelmente, deriva do verbo *lehaggid* (narrar). O significado do termo está mais ligado ao modo de transmissão do que ao conteúdo do que era transmitido.

No culto da Sinagoga, a *haggadah* era narrada, transmitida oralmente, com base na memória do pregador, ao contrário do texto bíblico que era lido.

De modo mais específico, pode-se dizer que *haggadah* é o conjunto das tradições narrativas, histórias, lendas, parábolas, ensinamentos e exposições homiléticas. Costuma-se utilizar o critério de exclusão, segundo o qual tudo o que não for *halakah* será *haggadah*.

Essa distinção é importante. Por se tratar de conteúdo didático, composto em sua maioria de histórias e narrativas curiosas, a *haggadah* era utilizada com fins pedagógicos na formação da mentalidade religiosa do indivíduo e do povo hebreu, de modo geral.

Ao tempo de Jesus, já existia vasto repositório dessas histórias, parábolas, falas proverbiais, que influenciaram enormemente a redação dos livros do Novo Testamento.

É extremamente importante o estudo dessa influência, visto que a *haggadah* representa uma vasta porção do iceberg submerso. Muitos trechos dos Evangelhos fazem referência implícita a esse intrigante universo da tradição judaica.

O assunto reclama investigação, pesquisa, exame. É tarefa apaixonante, mas demanda considerável tempo e grande soma de recursos.

FIGURAS DE LINGUAGEM

As figuras de linguagem constituem desvios das normas convencionais, dos padrões normais de comunicação com a finalidade de se conferir maior expressividade, ênfase, elegância a determinado enunciado. Expressam formas de dizer (formas de elocução) estilizadas, nas quais o sentimento e/ou pensamento se revestem de energia, colorido, arte e beleza. A criatividade, o senso estético, artístico e poético ditam as regras com ampla liberdade.

Jesus, com a energia do educador paciente, advertiu os apóstolos sobre esse assunto, e continua advertindo a todos os leitores do seu Evangelho imortal:

> *"**Como não compreendeis que não vos falei a respeito de pães**? Acautelai-vos, porém, do fermento dos fariseus e saduceus. Então entenderam que não disse para se acautelarem do fermento dos pães, mas do ensino dos fariseus e saduceus".* (Mt 16:11-12).

Em sua obra clássica "Figures of Speech Used in the Bible"[96], Ethelbert W. Bullinger (1837-1913) catalogou 217 figuras de linguagem, após examinar todos os versículos da *Bíblia Hebraica* e do Novo Testamento Grego. Esse monumento da literatura bíblica foi publicado pela primeira vez em Londres no ano de 1899, e permanece um clássico insuperável.

No apêndice da obra, o autor apresenta um índice com todos os versículos da Bíblia nos quais ocorre o uso de linguagem figurada, especificando cada uma delas.

Com base nesse impressionante catálogo, elaboramos os gráficos e tabelas a seguir, a fim de que o leitor tenha uma idéia dos perigos de se interpretar "ao pé da letra" os Evangelhos.

---

96 BULLINGER, E. W. *Figures of Speech Used in the Bible*. Grand Rapids, Michigan: Baker Book House, 2005.

Estatística

Percentual de Figuras de Linguagem, devidamente catalogadas e nomeadas por Bullinger, nos Evangelhos.

Total de versículos 3.778
vv Sem Fig. de Linguagem 2.632
vv. Com Fig. de Linguagem ...1.146 (30,33%)

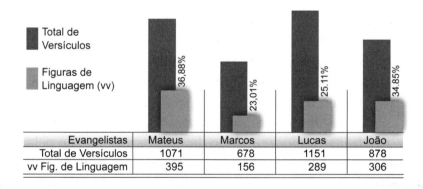

Evangelistas	Mateus	Marcos	Lucas	João
Total de Versículos	1071	678	1151	878
vv Fig. de Linguagem	395	156	289	306

MASHAL E PARÁBOLA

A raiz verbal "*mshl*", com o sentido de "*comparar, ser ou tornar-se comparável a, ser ou tornar-se semelhante a*", ocorre aproximadamente 16 vezes na *Bíblia Hebraica*.

Por sua vez, o substantivo hebraico "*mashal*", derivado da referida raiz, é encontrado aproximadamente 41 vezes. Apresenta uma gama extensa de significados, entre eles: "*oráculo, provérbio, parábola, alegoria, máxima, adágio, dito satírico, ironia, insulto*".

Na tradução grega da *Bíblia Hebraica*, denominada Versão dos LXX (Septuaginta), o termo é frequentemente traduzido por "*parabolē*" (parábola).

O vocábulo grego "*parabolē*" deriva do verbo "*paraballein* (colocar ao lado de; comparar)", razão pela qual significa literalmente "colocado ao lado de". O sentido comum é de uma "justaposição, comparação, analogia, ilustração".

A noção ocidental de "*parabolē*" encontra-se em Aristóteles, na sua obra intitulada Retórica, II, XX, 2-4, com o sentido de justaposição, ou seja, colocação de uma coisa ao lado de outra com a finalidade de comparação, ilustração, indicação de casos paralelos ou análogos.

Uma vez examinados os dois vocábulos, *"mashal"* e *"parabolē"*, é preciso salientar que eles não se correspondem de modo exato. Na verdade o termo hebraico é muito amplo.

É o que nos adverte Joachim Jeremias[97]:

> *"(....) O mashal hebraico e o mathla aramaico designavam, mesmo no judaísmo pós-bíblico, sem que se possa fazer um quadro esquemático, toda sorte de linguagem figurada: Parábola, comparação, alegoria, fábula, provérbio, revelação apocalíptica, dito enigmático, pseudônimo, símbolo, figura de ficção, exemplo (tipo), motivo, argumentação, apologia, objeção, piada. (...). Seria impor às parábolas de Jesus uma norma estranha querer forçá-las a entrarem no quadro das categorias da retórica grega".*

O exame das ocorrências do termo *"parabolē"* no Novo Testamento nos revela que, embora esses livros tenham sido redigidos em grego koiné, os redatores expressaram seu pensamento segundo categorias do mundo hebraico.

O termo utilizado é grego, mas o pano de fundo cultural é hebraico. Assim, poderíamos substituir todos os vocábulos *"parabolē"* do Novo Testamento pelo substantivo hebreu *"mashal"*, sem prejuízo.

---

97 JEREMIAS, Joachim. *As Parábolas de Jesus*. 9. ed. São Paulo: Paulus, 2004. Cap. 1.

Aliás, essa substituição facilitaria o entendimento das passagens.

Alguns exemplos tornarão mais claras essas reflexões:

> "*Aprendei, pois, a parábola da figueira: quando já os seus ramos se renovam e as folhas brotam, sabeis que está próximo o verão*" (Mt 24:32).
>
> "*Disse-lhes Jesus: Sem dúvida, citar-me-eis este provérbio (parábola): Médico, cura-te a ti mesmo; tudo o que ouvimos ter-se dado em Cafarnaum, faze-o também aqui na tua terra*" (Lc 4:23).
>
> "*Também lhes disse uma parábola: Ninguém tira um pedaço de veste nova e o põe em veste velha; pois rasgará a nova, e o remendo da nova não se ajustará à velha*" (Lc 5:36).
>
> "*Propôs-lhes também uma parábola: Pode, porventura, um cego guiar a outro cego? Não cairão ambos no barranco?*" (Lc 6:39).
>
> "*Então, lhes propôs Jesus esta parábola: Qual, dentre vós, é o homem que, possuindo cem ovelhas e perdendo uma delas, não deixa no deserto as noventa e nove e vai em busca da que se perdeu, até encontrá-la?*" (Lc 15:3-4).

Retomando o que foi dito na introdução desta obra, repetimos que a compreensão integral do ensino de Jesus é fruto de longa jornada ascensional, na qual o discípulo deve conjugar estudo, meditação, sentimento e vivência.

O Espírito Emmanuel[98] nos ensina que:

> *"Religião é o sentimento Divino, cujas exteriorizações são sempre o Amor, nas expressões mais sublimes. Enquanto a Ciência e a Filosofia operam o trabalho da experimentação e do raciocínio, a Religião edifica e ilumina os sentimentos. As primeiras se irmanam na Sabedoria, a segunda personifica o Amor, as duas asas divinas com que a alma humana penetrará, um dia, nos pórticos sagrados da espiritualidade".*

Compreendendo que as lições do Evangelho são as sementes vivas, derramadas incessantemente pela misericórdia do Mestre, destinadas ao coração dos homens, é lícito concluir com o benfeitor Emmanuel[99]:

> *"As parábolas do Evangelho são como as sementes divinas que desabrochariam, mais tarde, em árvores de misericórdia e de sabedoria para a Humanidade".*

---

98 XAVIER, Francisco Cândido. *O Consolador*, pelo Espírito Emmanuel. 24. ed. Rio de Janeiro: FEB, 2003. Questão 260.
99 Idem. Questão 290.

Capítulo 7

O BOM SAMARITANO

UM EXEMPLO

Depois de percorrer um longo caminho, passando por trechos e regiões áridas, chegamos ao desejado Oásis, sedentos, com muita vontade e disposição de extrair o "espírito da letra" de uma das mais conhecidas parábolas do Evangelho.

Neste momento, nos sentimos como um chef de cozinha que após explicar uma grande quantidade de ingredientes e utensílios se vê na obrigação de cozinhar, diante de todos, demonstrando a utilidade de tudo o que foi dito.

É bom lembrar, porém, duas coisas.

Primeiro, a sutil advertência de Kenneth Bailey[100], que fazemos questão de transcrever novamente:

> "O compositor faz uma canção, e a obra está terminada. O escultor cinzela o seu mármore, e um dia a estátua está acabada. Mas a tarefa do exegeta

---

100 BAILEY, Kenneth. *As Parábolas de Lucas*. 3. ed. São Paulo: Vida Nova, 2007. Prefácio, p. 7.

nunca tem fim. Ele pode somente parar para registrar, um tanto temerosamente, as suas descobertas, em certo ponto cronológico, com a oração para que elas possam ter alguma utilidade para outras pessoas, e para que ele tenha sido fiel ao que até então lhe fora dado".

Segundo, gostaríamos que este exercício de interpretação fosse recebido pelo leitor como o "óbolo da viúva" (Mc 12:42; Lc 21:2). Para justificar este pedido, citamos o Rabino Irving M. Bunim[101]:

"Na visão profética de Jeremias, o Todo-Poderoso compara sua palavra com "um martelo que despedaça a rocha" (Jr 23:29). E o Talmud comenta: "Tal qual a rocha que se parte em muitos fragmentos sob o golpe do martelo, assim cada palavra do Santíssimo, bendito seja, foi dividida em setenta expressões" (T. Bab. Shabat 83b) - uma multiplicidade de significados e interpretações. Assim como a rocha se despedaça sob o golpe do martelo, diz novamente o Talmud, "um versículo das Escrituras Sagradas pode admitir muitos significados" (T. Bab. Sanhedrin 34a). Portanto, o Midrash diz, simplesmente, que "A Torah tem setenta faces (aspectos)" (Midrash Rabá Num 13:15). A linguagem da Torah, tanto sob a forma escrita quanto sob a forma oral, é multifacetada: tem profundidades e níveis de significado insuspeitos. Se você tomar o "sentido literal",

---

101 BUNIM, Irving M. *A Ética do Sinai*. 2. ed. São Paulo: Sêfer, 2001. Introdução.

tomando-a apenas superficialmente, não verá o esplendor e a glória que oculta".

"Em nossa literatura antiga de comentário e misticismo, toma-se a palavra **PaRDeS** para indicar quatro abordagens da Torah, quatro formas de explorar e extrair seus tesouros de significado. Com as quatro consoantes da palavra **PaRDeS** começam as palavras P̲eshat, R̲émez, D̲erash e S̲od, respectivamente. **Peshat**, o primeiro, seria o sentido literal, puro e simples do texto. Com **Rémez**, seguimos a estrutura sintática e gramatical de um versículo, levando em conta que certas palavras possuem um significado simbólico, ou metafórico. O **Derash** simplesmente omite a estrutura sintática de um versículo e até mesmo ignora seu contexto, percorrendo a Torah em busca de significados apontados pela alusão e associação. Finalmente, temos o **Sod**, a leitura mais íntima e profunda de um texto (...), atingindo um grau de profundidade do significado que vai muito além dos anteriores. Não é por coincidência que **PaRDeS**, a palavra formada pelas iniciais das quatro palavras citadas no parágrafo acima, signifique, literalmente, **horta ou jardim**. Esta tradução simboliza a exuberante riqueza de pensamento e inspiração que pode surgir dos textos sagrados, se soubermos como **cultivá-los** e como **colher os frutos** mais difíceis de alcançar".

Prepare, então, suas mãos, ferramentas, sensibilidades e coração. Vamos cultivar nosso jardim, para colher alguns frutos difíceis de serem alcançados em uma leitura "vagamente raciocinada".

Estudaremos a Parábola do Bom Samaritano (Lc 10:30-35). Para isso, precisamos **delimitar, segmentar** e **estruturar** o texto[102].

No Evangelho de Lucas encontramos uma impressionante e bela peça literária, conhecida pelo nome de *"Narrativa da Viagem a Jerusalém"* (*Lc 9:51 - 19:48*), na qual Jesus e os apóstolos iniciam uma longa e movimentada jornada em direção à cidade de Jerusalém, para participarem da Festa da Páscoa, na qual o Mestre seria imolado como um cordeiro.

No início da viagem, após Pedro, João e Tiago terem presenciado os extraordinários fatos da transfiguração no Monte Tabor, Jesus manifesta o desejo de ir a Jerusalém, passando pela Samaria.

Os apóstolos se adiantam, na tentativa de preparar a hospedagem do Mestre em uma aldeia samaritana, mas não são recebidos pelos habitantes locais, pois estavam rumando para Jerusalém, fato repugnante para qualquer samaritano.

Tiago e João, indignados, pedem ao Mestre para que desça fogo do céu a fim de destruir todos os samaritanos. Jesus, porém, responde: *"O filho do homem não veio para destruir a vida dos homens, mas para salvá-la"* (*Lc 9:56*). E se dirigem para outra aldeia.

Allan Kardec[103] fornece substanciosas informações acerca dos samaritanos:

---

102 Vide capítulo 5.
103 KARDEC, Allan. *O Evangelho segundo o Espiritismo*. 1. ed. Rio de Janeiro: FEB, 2008. Introdução, item III.

"Samaritanos. – Após o cisma das dez tribos, Samaria tornou-se a capital do reino dissidente de Israel. Destruída e reconstruída várias vezes, ela foi, sob o domínio romano, a sede administrativa da Samaria, uma das quatro divisões da Palestina. Herodes, chamado o Grande, a embelezou de suntuosos monumentos e, para lisonjear Augusto, lhe deu o nome de Augusta, em grego Sebaste. Os samaritanos estiveram quase sempre em guerra com os reis de Judá. Aversão profunda, datando da época da separação, perpetuou-se entre os dois povos, que evitavam todas as relações recíprocas. **Os Samaritanos, para tornarem mais profunda a cisão e não terem de vir a Jerusalém pela celebração das festas religiosas, construíram para si um templo particular e adotaram algumas reformas.** Somente admitiam o Pentateuco, que continha a lei de Moisés, e rejeitavam todos os outros livros que a esse foram posteriormente anexados. Seus livros sagrados eram escritos em caracteres hebraicos da mais alta antiguidade. Para os judeus ortodoxos, eles eram heréticos e, portanto, desprezados, anatematizados e perseguidos. O antagonismo das duas nações tinha, pois, por fundamento único a divergência das opiniões religiosas, embora suas crenças tivessem a mesma origem. Eram os protestantes daquele tempo. Ainda hoje se encontram samaritanos em algumas regiões do Mediterrâneo oriental, particularmente em Nablus e em Jafa. Observam a lei de Moisés com mais rigor que os outros judeus e só entre si contraem alianças".

Tenha calma, estamos "comendo o mingau pelas beiradas". É sério, não tenha pressa, é preciso resgatar o **contexto**. Você se recorda da imagem do *iceberg*?

Por falar em imagem, quando olhamos para um monumento arquitetônico, é difícil não se encantar com suas linhas e formas.

E se o texto bíblico fosse um monumento arquitetônico, feito de palavras? Já passou pela sua cabeça que esse texto é tridimensional? Que ele também possui uma concepção, um projeto, linhas e formas peculiares, ligados à estruturação do texto?

Vejamos um pouco disso...

Kenneth Bailey[104] propõe uma estruturação literária para aquele trecho do Evangelho de Lucas (*Lc 9:51 - 19:48*), sugerindo a forma de um **quiasmo**[105], composto de dez partes paralelas:

1. *Jerusalém: Juízo e Salvação* (Lc 9:51-56)
2. *Segue-me* (Lc 9:57 - 10:12)
3. *Herdar a Vida Eterna* (Lc 10:25-41)
4. *Oração* (Lc 11:1-13)
5. *Sinais e o Reino Atual* (Lc 11:14-32)
6. *Conflito com os Fariseus - Dinheiro* (Lc 11:37 - 12:34)
7. *O Reino ainda não veio, e já veio* (Lc 12:35-39)
8. *O Chamado do Reino para Israel* (Lc 13:1-9)

---

[104] BAILEY, Kenneth. *As Parábolas de Lucas*. 3. ed. São Paulo: Vida Nova, 2007. Cap. 1.
[105] Vide capítulo 5.

9. *A Natureza do Reino* (Lc 13:10-20)
10. *Jerusalém: Juízo e Salvação* (Lc 13:22- 35)
9'. *A Natureza do Reino* (Lc 14:1-11)
8'. *O Chamado do Reino para Israel / Proscritos* (Lc 14:12 - 15:32)
7'. *O Reino ainda não veio, e já veio* (Lc 16:1-8, 16)
6'. *Conflito com os Fariseus - Dinheiro* (Lc 16:9-31)
5'. *Sinais e o Reino Vindouro* (Lc 17:11-37)
4'. *Oração* (Lc 18:1-14)
3'. *Herdar a Vida Eterna* (Lc 18:18-30)
2'. *Segue-me* (Lc 18:35 - 19:9)
1'. *Jerusalém: Juízo e Salvação* (Lc 19:10, 28-48)

Esse esquema não pode ser encarado de modo absoluto, já que alguns pequenos trechos foram inseridos no meio dessa peça literária, quebrando a harmonia do conjunto, como reconhece o próprio Bailey.

Não sabemos se essas inserções ou quebras foram posteriores ou feitas propositalmente por Lucas, pois era costume dos redatores antigos inserirem pequenas pausas, quebras, em suas obras literárias, para conferir realce ao conjunto.

Lançando um olhar tridimensional para o texto, percebemos que ele está dividido em duas partes espelhadas, no formato do **quiasmo** da poesia hebraica. Cada parte com o seu respectivo par, dando a ideia de uma escada que você **sobe**, depois **desce**.

"Narrativa da Viagem a Jerusalém"
(Lc 9:51 - 19:48)

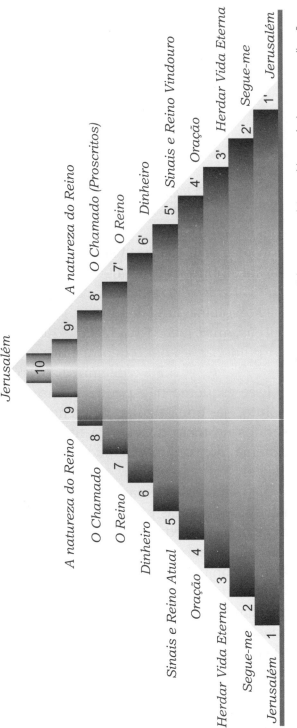

Acesse www.portalser.org e assista ao vídeo exclusivo com a explicação deste gráfico por Haroldo Dutra Dias. Código de acesso: YHWH

Chamamos a atenção para um ponto capital dessa peça literária, conhecida como *"Narrativa da Viagem a Jerusalém"* (*Lc 9:51 - 19:48*): trata-se de JERUSALÉM.

A Cidade Santa aparece no início, no meio e no final da composição de Lucas, portanto, ocupa posição de destaque nessa obra de arte da literatura.

Toda peregrinação a Jerusalém demanda uma **subida** até o monte Sião e a respectiva **descida** de regresso ao lar, como veremos adiante. Eis a escada sugerida pela estrutura literária do texto.

Pare um pouco. Uma pequena pausa. Uma quebra à moda antiga, para imitar Lucas.

Você reparou onde está situada a Parábola do Bom Samaritano nesse esquema?

Ela se encontra no **nível 3** do quiasmo, que trata basicamente do "**Amor**", a Deus e ao próximo, como forma de se herdar a vida eterna (*Lc 10:25*). O curioso é que no **nível 3'**, parte espelhada do primeiro, o tema também é "**Amor** ", a Deus e ao próximo, como forma de se herdar a vida eterna (*Lc 18:29-30*).

Espero que você esteja tão entusiasmado quanto eu, caro leitor!

Voltemos ao tema: JERUSALÉM.

Jesus manifesta o desejo de **subir** até Jerusalém, passando pela Samaria. Exatamente isso! Como eles estavam na Galileia, precisavam subir muito para chegar ao Templo, no monte Sião, na cidade de Jerusalém, a fim de celebrarem a festa da Páscoa.

Como começa mesmo a Parábola do Bom Samaritano? "Certo homem descia de Jerusalém para Jericó..." (Lc 10:30).

Bom! Deve ser coincidência o fato de que Jesus desejava **subir** a Jerusalém, passando por **Samaria**, mas não foi muito bem recebido por lá, ao passo que a parábola por ele contada fala de pessoas, incluindo um **bom samaritano**, que **desciam** de Jerusalém!!!

Lembrando um pouco a questão da **intertextualidade**[106], é preciso considerar que, de acordo com os textos da *Bíblia Hebraica* (Ex 34:23; Dt 16:16, 31:11), todos os israelitas de sexo masculino devem subir ao templo de Jerusalém três vezes por ano, por ocasião das festas da Páscoa, das Semanas e das Tendas, chamadas de festas da peregrinação.

É o que diz o texto:

> *"Três vezes por ano, todo o homem do teu meio aparecerá perante o Senhor YHWH, Deus de Israel"* (Ex 34:23).

Michel Remaud[107] acrescenta interessante dado da Tradição Oral do povo hebreu:

> *"Esse texto, aparentemente claro, comporta na realidade uma dificuldade que escapa à simples leitura das traduções. (...) O texto hebraico dessas passagens (Ex 34:23; Dt 16:16, 31:11), ao qual é indispensável referir-se, contém uma curiosa construção gramatical, que pode ser traduzida, literalmente, antes*

---

106 Vide capítulo 4.
107 REMAUD, Michel. *Evangelho e Tradição Rabínica.* São Paulo: Loyola, 2007. Cap. IV.

de propor uma explicação: três vezes por ano, toda tua população masculina será vista diante da face do Senhor. (...) Lembremos, inicialmente, que o alfabeto hebraico contém apenas consoantes. Assim, uma mesma palavra pode ter dois ou até vários significados diferentes dependendo da maneira como é pronunciada. (...) No caso que focalizamos, a palavra traduzida por "será vista" (yr'h) pode ser pronunciada de duas maneiras, assumindo assim dois significados diferentes: yir'eh (verá) ou yera'eh (será visto). (...) Ora, as palavras que se seguem ("a face do Senhor") são gramaticalmente um complemento de objeto direto. A frase é composta, portanto, de uma voz passiva seguida de um complemento, o que é gramaticalmente incoerente. De acordo com a explicação mais provável dessa incoerência, o texto primitivo dizia claramente que era preciso ir ver Deus no seu Templo. A tradição oral (...) transformou o verbo em um passivo para não levar a pensar que Deus, que é espiritual, pudesse tornar-se visível (...). Mas a estrutura gramatical da frase, que foi conservada, lembra que, na origem, o objeto da visão era mesmo o Senhor. (...) Acrescentemos que o uso consagrou essa interpretação: na Mishná, a subida ao Templo para as festas de peregrinação é chamada re'iyyah, visão (...). **Ir em peregrinação a Jerusalém é vir ao lugar onde Deus vê e se deixa ver**".

Esses detalhes da tradição cultural do povo hebreu são fundamentais para a compreensão profunda dos textos do Evangelho.

Dê uma olhada, mais uma vez, na estrutura literária da *"Narrativa da Viagem a Jerusalém"* (Lc 9:51 - 19:48). A presença das palavras Jerusalém, Seguir, Oração, Reino, Vida Eterna falam de uma jornada espiritual ascensional, de um encontro com Deus.

Nas escrituras hebraicas, Jerusalém é chamada de Cidade de Deus (Sl 46:5), Cidade do Grande Rei (Sl 48:3), Casa de Deus (Esd 12:4), Trono de YHWH (Jer 3:17), Monte Santo (Sl 24).

Assim, Jerusalém, na Tradição Oral, é considerada o centro da Terra (*Tanhuma, kedoshim 19-20*), o ponto mais alto do mundo, no qual está localizado o Templo, símbolo da presença de Deus no meio do seu povo.

Nesse caso, alguém que se dirige a Jerusalém está sempre subindo, não importa de onde venha, pois não há lugar mais alto que Jerusalém, segundo a tradição.

Podemos concluir que *"Ir em peregrinação a Jerusalém é vir ao lugar onde Deus vê e se deixa ver"*. Nesse caso, três textos da Tradição Oral judaica são de fundamental importância para entendermos a relação entre **Deus, Jerusalém** e **Vida Eterna**:

> *"Nossos Mestres dizem: Depois dos dias do Messias, virá o mundo futuro, e Deus aparecerá em sua glória e manifestará seu braço como está escrito: "O Senhor revelará seu braço aos olhos dos pagãos e todos os confins da Terra verão a salvação de nosso Deus"* (Is 52:10). *Nesta hora Israel verá (r'yn) Deus na*

sua glória como está escrito: Quando Deus voltar à Sion (Is 52:8)". (Tanhuma, Eqev 7).

*"Nos tempos vindouros, Eu farei voltar minha Shekinah à Sion. Eu me revelarei em toda minha glória a todo Israel. Eles **me verão** (r'yn) e eles **viverão para sempre**, como está escrito: Quando YHWH retornar à Sion (Is 52:8). Ele se mostrará, como está escrito: Este é nosso Senhor (Sl 48:15; Is 25:9)"*. (Tanhuma, Bamidbar 17).

"Que eu, de manhãzinha, estarei saciado do teu amor. Nos dias do Messias, eu me saciarei ao ver tua face. Não está escrito: O homem não pode ver a Deus e viver? (Ex 33:20). É impossível neste mundo. Mas no mundo futuro, na hora da ressurreição dos mortos, eu me satisfarei ao ver o semblante, como está escrito: Neste dia se dirá: Este é nosso Deus (Is 25:9)". (Midrash, Tehilim 17,13).

Voltemos ao nosso tema. Antes de examinar a Parábola do Bom Samaritano, será necessário **delimitar**, **segmentar** e **estruturar** um pouco mais o texto[108].

A Parábola (Lc 10:30-35) está inserida dentro do diálogo entre Jesus e o Doutor da Lei. Kenneth Bailey[109] propõe, igualmente, uma estruturação literária para essa passagem:

---

108 Vide capítulo 5.
109 BAILEY, Kenneth. *As Parábolas de Lucas*. 3. ed. São Paulo: Vida Nova, 2007. Cap. 4.

> "O diálogo entre Jesus e o intérprete (doutor) da lei é composto de oito falas, e divide-se em dois tempos exatos de debate. Em cada tempo há duas perguntas e duas respostas. A estrutura formal de cada cena é idêntica".

Segundo esse autor, resumido aos seus temas principais, todo o diálogo se desenrola respeitando a seguinte forma literária, semelhante a uma balada de dois tempos.

Primeiro tempo: Certo Mestre da Torah levantou-se para testá-lo, dizendo:

1. Jurista: (Pergunta 1) "Depois de fazer o que, herdarei a vida eterna?"
2. Jesus: (Pergunta 2) "Que está escrito na Lei? Como lês?"
3. Jurista: (Resposta a 2) "Amarás a Deus e a teu próximo".
4. Jesus: (Resposta a 1) "Faze isto e viverás".

Segundo tempo: O Mestre da Torah, querendo justificar-se, disse:

5. Jurista: (Pergunta 3) "Quem é meu próximo?"
6. Jesus: (Parábola e Pergunta 4) "Qual destes três tornou-se o próximo?"
7. Jurista: (Resposta a 4) "O que praticou a misericórdia com ele".
8. Jesus: (Resposta a 3) "Vai e faze tu do mesmo modo".

Novamente a estrutura do **quiasmo** da poesia hebraica, sendo que a Parábola se encontra delicadamente incrustada no nível 6, como uma pérola, aguardando que alguém colha seus frutos, aqueles difíceis de serem alcançados em uma leitura "vagamente raciocinada".

Você se recorda, caro leitor, daquela brincadeira na qual um pequeno e precioso presente é colocado dentro de uma minúscula embalagem, que é colocada em outra embalagem maior, que é colocada, por sua vez, em outra maior ainda?

A pérola que estamos examinando, Parábola do Bom Samaritano, está disposta em uma estrutura literária, a qual se encontra inserida no diálogo com o Mestre da Torah, que está inserida, por sua vez, na *"Narrativa da Viagem a Jerusalém"* (Lc 9:51 - 19:48).

Neste ponto, seria bom lembrar aquele texto do profeta Jeremias, que compara a Revelação Divina, a palavra de Deus, ao *"martelo que despedaça a rocha"* (Jr 23:29).

Valendo-nos da imagem do cristal fracionado em inúmeros outros, é importante não esquecer que as partes conservam a estrutura simétrica do todo.

O que queremos dizer com isto? Queremos ressaltar que os temas centrais da grande peça literária (Narrativa da Viagem a Jerusalém) se repetem na estrutura menor (Diálogo com o Mestre da Torah), e voltam à tona, novamente, no interior da Parábola do Bom Samaritano.

Na Parábola, portanto, encontraremos referências, explícitas e implícitas, aos temas que compõem essa longa e movimentada jornada em direção à cidade de Jerusalém, repleta de incidentes e ensinos de Jesus.

Passemos, então, ao diálogo entre Jesus e o Mestre da Torah.

Trata-se de um diálogo profundo, técnico, repleto de detalhes e referências implícitas à jurisprudência da época (conjunto de interpretações da Torah, a Constituição de Israel), afinal de contas o interlocutor de Jesus é um "*nomikos*" (jurista, especialista legal, Doutor da Lei, Mestre da Torah).

Não é correto chamar esse profissional de "advogado", mesmo porque não havia separação clara entre as funções de acusar, julgar e defender, como nos nossos dias.

Podemos afirmar, apenas, que ele possivelmente exercia ou exerceu funções legais no Sinédrio, o Supremo Tribunal de Israel.

O texto do Diálogo (*Lc 10:25-37*), devidamente delimitado, segmentado e estruturado, se inicia com a frase: "*E eis que certo Mestre da Lei levantou-se para testá-lo*[110], *dizendo (...)*".

Klyne Snodgrass[111] faz interessante observação a esse respeito:

> "*O convívio que Jesus mantinha com marginalizados e pecadores, as suas ações no sábado e a sua despreocupação com atos "de santidade" como*

---

110 Lit. "tentar, experimentar; testar, pôr à prova; desafiar".
111 SNODGRASS, Klyne. *Compreendendo Todas as Parábolas de Jesus*. Rio de Janeiro: CPAD, 2010. P. 497.

> o toque em pessoas imundas (leprosos, febris, problemas de fluxo de sangue, mortos, etc.) ou o consumo de alimentos sem a lavagem das mãos, obviamente, suscitaria dúvidas a respeito de como ele se situava em relação à Lei (cf. Mt 5:17-20, 12:1-14; Mc 2:23 - 3:6; Lc 6:1-11; Mt 15:1-20; Mc 7:1-23). Se a Lei não demarcava fronteiras entre os justos e os ímpios, como pressupunham os judeus, então qual seria o seu objetivo, que utilidade ela teria, e o que determinaria se tomaríamos ou não parte no **Reino**? O que o doutor da Lei esperava que Jesus lhe dissesse em resposta à sua pergunta sobre a vida eterna? Será que ele ouviu o que o suposto leitor já sabe, que Jesus ensinou os discípulos a seguirem-no e a ganharem a vida perdendo-a? Esta afirmação ou qualquer outra resposta que não leve em consideração a Lei poderia levar a uma **acusação de heresia**. A hábil mudança estratégica da conversa feita por Jesus para que o doutor pudesse se concentrar no propósito da Lei impediu esta acusação e criou uma oportunidade para instrução".

A acusação de heresia ou de blasfêmia poderia levar à aplicação da pena de morte. Não se trata, portanto, de um diálogo amistoso. É na verdade uma versão antiga do atual "Você pode permanecer em silêncio, mas tudo que disser poderá ser usado contra você no Tribunal".

Klyne Snodgrass[112] arremata:

---

112 SNODGRASS, Klyne. *Compreendendo Todas as Parábolas de Jesus*. Rio de Janeiro: CPAD, 2010. P. 497.

> *"Algumas pessoas sugerem que a pergunta sobre a vida eterna é uma preparação para o teste real que viria com a segunda pergunta, a que trata dos limites da palavra "próximo". Isso pode estar correto, mas, no mínimo, parece lícito pensarmos que a associação de Jesus com pessoas malvistas levou à pergunta do doutor e, se assim for, a pergunta não é inocente, especialmente diante da tentativa do doutor em se justificar (Lc 10:29). A partir de uma perspectiva da narrativa, a tolerância de Jesus em relação aos samaritanos, mesmo quando estes o rejeitaram (Lc 9:52-56) prepara o terreno para a pergunta do doutor da Lei e para esta parábola".*

Duas perguntas capciosas, mas qual a relação entre elas?

Precisamos examinar três textos que falam de herança, um retirado do livro de Isaías, da *Bíblia Hebraica*, e os outros dois retirados do apócrifo Salmos de Salomão:

> *"Para aqueles que andam na justiça dos seus mandamentos, na lei que ele nos ordenou para que vivamos. Os piedosos do Senhor viverão por ela para sempre"* (Sl 14:9-10).

> *"Todos do teu povo serão justos, para sempre herdarão a terra; serão renovos por mim plantados, obra das minhas mãos, para que eu seja glorificado"* (Is 60:21).

> *"Portanto a sua herança (dos pecadores) é o Sheol e as trevas e a destruição, mas os piedosos do Senhor herdarão a vida com alegria"* (Sl 14:1-2).

Na Tradição Oral, "herdar a terra" (Is 60:21) é interpretado pelos Mestres de Israel (*T. Bab. Sanhedrin*, 11) como participação na salvação da era vindoura, salvação que Deus estenderá ao seu povo no mundo vindouro, na era messiânica.

Essa tradição reúne os textos bíblicos que falam da "terra prometida" aos Patriarcas, combinando-os aos outros textos (cf. os acima citados) que falam do justo que herdará a vida eterna.

A herança da terra, nessa interpretação, se transforma em herança da vida eterna, e a maneira de alcançá-la é a observância da Lei (Torah). É o que encontramos na Mishna:

> *"Adquirir conhecimento da Torah é adquirir para si a vida no mundo vindouro"* (Mishna, Aboth 2, 8).
>
> *"Grande é a Torah, pois concede, a quem a observa, vida neste mundo e no mundo vindouro"* (Mishna, Aboth 6, 7).

A questão que se levanta neste ponto é: Em que consiste a observância da Torah? Quais **normas** da Torah devem ser observadas para ser considerado justo e, consequentemente, herdar a vida eterna?

Giuseppe Nahaissi resume a questão normativa implícita na Torah, ao prefaciar o livro de *Maimônides*[113]:

---

[113] RAMBAM, Moshe Ben Maimon Ha. *Os 613 Mandamentos*. 3. ed. São Paulo: Nova Arcádia, 1991. Prefácio.

> "Esta obra monumental intitulada "Torah" ou "a Lei" é a primeira constituição escrita e distribuída a um povo para lhe servir de estatuto e guia. Escrita sobre pergaminho e dividida em 5 capítulos ou livros (Gênesis, Êxodo, Levítico, Deuteronômio, Números), contém 613 artigos de Lei mais conhecidos como os 613 preceitos ou 613 mandamentos. Estes preceitos são divididos em duas grandes secções: os preceitos positivos ou "Farás" e os negativos ou "Não Farás". São 248 os preceitos positivos e 365 os negativos, pois usarás as 248 partes que compõem o seu corpo para fazeres os teus deveres para com Deus e teu próximo e te recusarás a fazer o mal os 365 dias do ano. **Os dez mandamentos resumem os 613 preceitos**".

O decálogo (Ex 20:1-21; Dt 5:1-22), ou dez mandamentos, abriga, em estado de gérmen, os 613 preceitos, como diz Rashi:

> "Todos os 613 preceitos estão incluídos nos 10 mandamentos. E nosso mestre Saadia especificou nos cantos (de Shavuot, sobre os 613 preceitos) que compôs para cada mandamento, os preceitos que dependem deles". (Rashi, Ex 24:12).

É incorreto afirmar, segundo a Tradição Oral judaica, que a Torah está resumida no Decálogo, mas é correto afirmar que ela repousa nas Tábuas da Lei, recebidas por Moisés no Sinai.

Noutro giro, encontramos também no Talmud de Jerusalém, produzido no lago do Tiberíades, a explicação Rabi Levi de que o Decálogo está resumido no Shemá (Dt 6:4):

> "O Decálogo está resumido nele (Shemá). Eu sou YHWH, teu Deus corresponde a Escuta Israel, YHWH é nosso Deus (...)". (T. Jer, Berachot 12b).

Preste atenção! Chegamos em um ponto muito importante das nossas reflexões!

Lembra-se daquela história do cristal fracionado em inúmeros outros, cujas partes conservam a estrutura simétrica do todo?

Partindo da parte para o todo, teríamos o Shemá, o Decálogo, os 613 Preceitos, a Torah revelada no Sinai. Assim, observar o Shemá, em toda sua inteireza, corresponde a observar a Torah como um todo.

Com base nos textos acima citados, podemos concluir que essa concepção não era estranha ao tempo de Jesus, tanto que o Doutor da Lei responde à primeira pergunta de Jesus citando o Shemá (Dt 6:4).

Eis a resposta à primeira pergunta. O Doutor da Lei indaga: "Depois de fazer o que, herdarei a vida eterna?" Ele mesmo responde: "Shemá".

A recitação do Shemá era:

> "Ouve (Shema) Israel, YHWH é nosso Deus, YHWH é UM (1). Amarás YHWH, teu Deus, com todo teu coração, com toda tua alma, e com toda tua abundância". (Dt 6:4-5).

Rashi explica, de forma magistral, essa passagem:

> "*E amarás. Faça os seus mandamentos com amor, não é igual aquele que faz com amor a aquele que faz com temor, aquele que serve o seu mestre com temor, quando ele o incomoda, ele o deixa e vai embora.* **Com todo o teu coração.** *Com suas inclinações* (Sifrei, Berachot 54). *Outra explicação (...) que não seja o seu coração dividido em discórdia com o Onipresente (Sifrei).* **E com toda a tua alma.** *Mesmo que ele tire a sua alma (Sifrei, Berachot 54).* **E com toda a tua força.** *Com toda a sua posse (...). E o que é o Amor? É o que através dele você reconhece o Sagrado, Bendito seja Ele, e se une aos seus caminhos".* (Rashi, Dt 6:4).

Exatamente isso! Coração, Alma e Posses. Tanto que os Targuns (traduções em aramaico) da *Bíblia Hebraica* traduzem o último termo da tríade por "Mamonecha" (riquezas).

Em resumo, todo o coração, toda a alma e todas as posses a serviço de Deus, como prova do verdadeiro amor a ele.

Uma pequena pausa! Pare um pouco, respire!

No livro de *Maimônides*[114], encontramos instigante resumo:

---

114 RAMBAM, Moshe Ben Maimon Ha. *Os 613 Mandamentos*. 3. ed. São Paulo: Nova Arcádia, 1991.

> *"Como diz o Sifrei: "E amarás ao Eterno, teu Deus": isso significa que você deverá fazer com que Ele seja amado pelos homens, como o fez o seu pai Abraham, como foi dito: "E as almas que haviam adquirido em Haran" (Gênesis 12:5). Ou seja, da mesma forma que Abraham, sendo um amante do Eterno - como a Torah testemunha, quando designado pelo Eterno como sendo: "Meu amado Abraham" (Is 41:8) - pela força de sua concepção de Deus e pelo seu grande amor por Ele, convocou a humanidade a crer, assim você deve amá-lo de forma tal a atrair a humanidade para Ele".*
>
> *"(...) e disse: "que andes em todos os Seus caminhos" (Dt 11:22). Com relação a este último versículo os Sábios comentam o seguinte: "Assim como o Sagrado, enaltecido seja Ele, é chamado Misericordioso, você também deve ser misericordioso; assim como ele é chamado Benevolente, você também deve ser benévolo; assim como Ele é chamado Justo, você também deve ser justo; assim como Ele é chamado "Hassid" (piedoso, caridoso), você também deve ser "hassid". (...) devemos imitar as boas ações e os elevados atributos pelos quais o Eterno, enaltecido seja Ele, é figurativamente descrito, uma vez que Ele é de fato sublime de forma imensuravelmente superior a toda essa descrição".*

E a segunda pergunta?

"Quem é o meu próximo?"

O povo Hebreu atingira as culminâncias do sentimento religioso. Seu monoteísmo profundo, espiritual e prático constitui um exemplo para todos os povos, que se demoravam no politeísmo.

Sua concepção de justiça, retidão, pureza era sem igual. O amor que demonstravam a Deus, mediante o serviço religioso contínuo e intenso era comovente.

Deus, a quem o hebreu precisava amar, era conhecido, muito bem conhecido!

E o próximo?

A Torah ordenava o amor ao próximo (Lv 19:8), mas quem é ele?

John Lighfoot[115] cita um Midrash de Rute, segundo o qual:

> "Dos gentios, com quem não temos guerra, bem como os que são guardadores de ovelhas entre os israelitas, e outros semelhantes, não devemos planejar a morte; mas se correrem qualquer perigo de morte, não somos obrigados a livrá-los; por exemplo, se algum deles cair no mar, você não precisa tirá-lo; pois está escrito: "Não te levantarás contra o sangue do teu próximo"; mas tal pessoa não é o teu próximo". (Maimon. Rute 4).

É notável escutar de um dos maiores eruditos bíblicos do século XX, David Flusser[116], professor da Universidade Hebraica de Jerusalém, um dos grandes responsáveis pela integração da cultura judaica aos estudos do Novo Testamento, a seguinte sentença:

---

[115] LIGHTFOOT, John. *A Commentary on the New Testament from Talmud and Hebraica*. Vol. 3. 4. ed. USA: Hendrickson, 2003. p. 107.

[116] FLUSSER, David. *O Judaísmo e as Origens do Cristianismo*. Vol. III. Rio de Janeiro: IMAGO, 2002. Cap. 1.

> *"Segundo o ensinamento de Jesus, temos de amar os pecadores, enquanto, de acordo com o judaísmo, não devemos odiar os iníquos. É importante notar que o amor positivo mesmo pelos inimigos é a mensagem pessoal de Jesus. Não encontramos essa doutrina no Novo Testamento fora das palavras do próprio Jesus. Mas mais tarde no cristianismo a doutrina do amor de Jesus tornou-se importante e não pode ser esquecida nem sequer por aqueles que não vivem de acordo com ela. Hoje a consequência dessa doutrina é que não devemos estabelecer diferença ao tratarmos nosso próximo de acordo com suas qualidades morais ou sua atitude boa ou má para conosco. No judaísmo o ódio é praticamente proibido, mas não se prescreve o amor pelo inimigo".*

Precisa dizer algo sobre a segunda pergunta do Doutor da Lei?

Podemos comentar um pouco sobre a resposta! A resposta de Jesus foi a Parábola do Bom Samaritano.

Repare, mais uma vez, a estrutura literária da segunda metade dessa passagem evangélica.

> **Segundo tempo**: *O Mestre da Torah, querendo justificar-se, disse:*
>
> 5. Jurista: (Pergunta 3) *"Quem é meu próximo?"*
> 6. Jesus: (Parábola e Pergunta 4) *"Qual destes três tornou-se o próximo?"*
> 7. Jurista: (Resposta a 4) *"O que praticou a misericórdia com ele".*
> 8. Jesus: (Resposta a 3) *"Vai e faze tu do mesmo modo".*

Note a estrutura do **quiasmo** da poesia hebraica! Observe, em especial, as frases espelhadas: *"Quem é meu próximo"* x *"Quem se tornou o próximo"*. Há uma lição especial aqui!

De um lado uma postura passiva e seletiva; de outro lado uma postura ativa e abrangente. O que significa isso?

O amor de Deus, tal como nos ensina Jesus, é condicional e seletivo, ou incondicional e abrangente? Lembra-se de Maimônides quando diz que devemos imitar as ações invariavelmente boas do Altíssimo?

Vejamos a lição única, sem precedentes na História da Humanidade, dada por Jesus no sermão do monte:

> *"Ouvistes que foi dito: "Amarás o teu próximo" e "Odiarás o teu inimigo". Eu, porém, vos digo: Amai vossos inimigos e orai pelos que vos perseguem, para que vos torneis filhos do vosso Pai, (que está) nos céus, já que seu sol desponta sobre maus e bons, e cai chuva sobre justos e injustos. Pois, se amais os que vos amam, que recompensa tendes? Não fazem o mesmo os publicanos? E se saudais somente os vossos irmãos, que fazeis de extraordinário? Não fazem também os gentios o mesmo? Portanto, sede vós perfeitos, como é perfeito vosso Pai Celestial".* (Mt 5:43-48).

A PARÁBOLA DO BOM SAMARITANO É UM COLAR DE PÉROLAS, MAS ESSE É O FIO QUE AS REÚNE

Amor incondicional, a Deus e ao próximo! Esse amor não precisa definir, especificar, restringir, selecionar quem será objeto da sua luz, do seu derramamento.

Vamos olhar para a Parábola, um pouco mais de perto.

Jerusalém está situada aproximadamente a 820 metros <u>acima</u> do nível do mar, ao passo que Jericó está situada em torno de 240 metros <u>abaixo</u> do nível do mar. Portanto, quem viaja de Jerusalém para Jericó desce cerca de 40 metros a cada quilômetro.

Nem precisávamos desses dados, pois já sabemos que não há lugar mais alto que Jerusalém, segundo a Tradição Oral judaica. Sabemos que *"Ir em peregrinação a Jerusalém é vir ao lugar onde Deus vê e se deixa ver"*.

A história começa com "Certo homem descia de Jerusalém". A única personagem não identificada da história é ele. Será vão todo o esforço que você fizer para identificá-lo.

Kenneth Bailey[117] explicou muito bem esse ponto:

> "O nosso mundo do Oriente Médio era e é formado por várias comunidades étnico-religiosas. O viajante é capaz de identificar os estranhos de duas maneiras. Ele pode falar com o desconhecido na estrada e identificá-lo por sua maneira de falar, ou até mesmo antes disso, ele pode identificá-lo pela sua maneira de vestir. (...) Algumas perguntas rápidas e o seu dialeto ou língua o identificariam. Mas que fazer se ele estivesse inconsciente à margem da estrada? Nesse caso, a pessoa precisaria dar uma rápida olhada em suas roupas. (...) Mas que fazer se o homem à beira da estrada estivesse despojado de suas roupas? Dessa forma ele estava reduzido a um mero ser humano em estado de necessidade. Ele não pertencia à comunidade étnica ou religiosa de ninguém! É uma pessoa que os assaltantes deixam ferido à beira da estrada. Quem se desviará do seu caminho para prestar ajuda?"

Quem se tornará o próximo dele?

Esse homem caído à beira da estrada está em silêncio? Vejamos o texto de Humberto de Campos[118]:

> "É imprescindível, pois, atentemos na alma branda e humilde dos vencidos. Para os seus corações Deus carreia bênçãos de infinita bondade. Esses quebraram

---

117 BAILEY, Kenneth. *As Parábolas de Lucas*. 3. ed. São Paulo: Vida Nova, 2007. Cap. 4.
118 XAVIER, Francisco Cândido. *Boa Nova*, pelo Espírito Humberto de Campos. 30. ed. Rio de Janeiro: FEB, 2002. Cap. 11 e 20.

os elos mais fortes que os acorrentavam às ilusões e marcham para o Infinito do amor e da sabedoria. O leito de dor, a exclusão de todas as facilidades da vida, a incompreensão dos mais amados, as chagas e as cicatrizes do espírito são luzes que Deus acende na noite sombria das criaturas. Levi, é necessário amemos intensamente os desafortunados do mundo. Suas almas são a terra fecundada pelo adubo das lágrimas e das esperanças mais ardentes, onde as sementes do Evangelho desabrocharão para a luz da vida".

*"Somente o sacrifício contém o divino mistério da vida. Viver bem é saber imolar-se. Acreditas que o mundo pudesse manter o equilíbrio próprio tão só com os caprichos antagônicos e por vezes criminosos dos que se elevam à galeria dos triunfadores? Toda luz humana vem do coração experiente e brando dos que foram sacrificados. Um guerreiro coberto de louros ergue os seus gritos de vitória sobre os cadáveres que juncam o chão; mas, **apenas os que tombaram fazem bastante silêncio, para que se ouça no mundo a mensagem de Deus**. O primeiro pode fazer a experiência para um dia; os segundos constroem a estrada definitiva na eternidade".*

O homem caído à beira da estrada, na Párabola, fez bastante silêncio para que a mensagem do amor, da caridade e da misericórdia de Deus fosse ouvida, por intermédio do Samaritano que se compadeceu.

Ao citar o **Sacerdote** e o **Levita**, naturalmente, o ouvinte esperaria o **Leigo**, a pessoa comum, pois os três peregrinavam rumo a Jerusalém, e todos os três ajudavam no Templo, durante as comemorações das três festas (Páscoa, Semanas e Tendas).

Essa estrutura construída em forma ternária, baseada no número três, não é coincidência. Você ainda se recorda do Shemá: Amar a Deus com todo o teu coração, com toda a tua alma e com toda a tua abundância!

Voltaremos a esse ponto.

Antes disso, repare o texto: *"Certo homem descia"* (Lc 10:30), *"Por coincidência, certo Sacerdote descia"* (Lc 10:31), *"De forma semelhante, também um Levita, que vinha por aquele lugar"* (Lc 10:31), e *"Certo Samaritano, em viagem, veio até ele e, ao vê-lo, compadeceu-se"* (Lc 10:33). Já notou que o texto não especifica se o Samaritano **subia ou descia**?

No trecho referente ao Levita, encontramos a expressão *"De forma semelhante"*, para dizer que ele procedia em conformidade com o exemplo do Sacerdote, como era de se esperar, mas o Samaritano agiu de forma semelhante a eles?

Quem está subindo, verdadeiramente, espiritualmente falando, para *"ver e se deixar ver por Deus"*? O Samaritano?

Mas ele não é um herege?

Avancemos!

Na antropologia hebraica, o **coração**, visto como o órgão que representa a interioridade humana, é a sede da **inteligência e do sentimento**. **Alma** significa, simboliza a integralidade do homem, composto de **corpo e espírito**. Simboliza, igualmente, a própria vida humana, já que a palavra "alma", tanto em hebraico como em grego, têm o sentido de "espírito" e "ar, respiração, fôlego". Por sua vez, "**força, poder, abundância**" significam as **posses** de um indivíduo.

Os três níveis do amor, expressos no Shemá, falam de alguém que ama, com toda sua inteligência e sentimento, com todos os gestos práticos correspondentes, incluindo a disposição de se sacrificar, e com todas as suas posses.

Em resumo, representa colocar todo o **coração, alma** e **posses** a serviço de Deus, pois é servindo a Deus que demonstramos nosso amor a ele, segundo a Tradição Oral.

Esse serviço era visto como o conjunto de **rituais** e **orações** que precisavam ser feitos no Templo, em especial, na época das três grandes festas judaicas.

Na Parábola, o serviço ao próximo, feito com compaixão, caridade e amor (com todo coração, alma e posses) toma o lugar do serviço praticado no Templo de Jerusalém.

É o que diz Jesus:

> *"A mulher lhe diz: Senhor, observo que tu és profeta. Nossos pais adoraram neste monte, mas vós dizeis que em Jerusalém é o lugar onde é necessário adorar. Jesus lhe diz: Crede em mim, mulher, porque vem a hora quando nem neste monte nem em Jerusalém adorareis ao Pai. Vós adorais o que não conheceis; nós adoramos o que conhecemos, porque a salvação é dos judeus. Mas vem a hora – e é agora – quando os*

verdadeiros adoradores adorarão ao Pai em espírito e verdade, pois também o Pai busca os que assim o adoram. Deus é espírito, e aqueles que o adoram devem adorá-lo em espírito e verdade". (João 4:19-24).

O Samaritano foi invadido pela compaixão (**coração**), fez tudo o que podia para ajudar, inclusive se arriscando, desdobrando-se em dedicação (**alma**) e entregou as moedas (**posses**) ao hospedeiro para que cuidasse do homem caído.

Ele cumpriu integralmente o Shemá.

Hoje não mais peregrinamos para Jerusalém, onde está o monte Sião, no qual estava erigido o Templo. Ele se moveu, o monte se deslocou.

A fé e o amor removem montanhas.

Nosso altar passou a ser o próximo, muitas vezes desconhecido, que nosso amor é capaz de descobrir, e o nosso culto transformou-se na genuína caridade.

Precisamos interromper nossa jornada! Uma interpretação de toda a Parábola do Bom Samaritano foge ao escopo deste livro. É nosso intento publicar outros livros contendo as interpretações de cada parábola em particular.

Nesta obra, desejávamos apenas dar um exemplo do quanto nossa leitura pode ser enriquecida quando desenvolvemos as **sensibilidades** descritas nos capítulos anteriores.

Fica o exemplo da interpretação! Permanece o exemplo do Bom Samaritano!

Conheça outras obras de Haroldo Dutra Dias lançadas pela FEP:

Disponíveis em CD's E DVD'S.

- O Evangelho interpretado pelo Espírito Emmanuel
- Os três aspectos do Espiritismo
- A parábola do bom samaritano: uma nova visão
- Paulo e Estevão
- A parábola do joio e do trigo

- Parábolas de Jesus - Texto e Contexto
- Kardec - Testemunhos e exemplos do verdadeiro Espírita Cristão
- As cartas de Paulo
- Gêneros literários no Novo Testamento
- A Lei Divina
- As três revelações
- Apocalipse: A descoberta dos novos códigos de interpretação

- Mediunidade nos Evangelhos
- Mediunidade na obra de Emmanuel

TELEVENDAS
(41) 3225-2739

www.parabolasdejesus.c
www.livrariamundoespirita.c